Matthias Hilbert

# Ostfrieslands leidenschaftliche Pastoren

## Sieben Pastorenporträts:

## Hans Bruns – Gerrit Herlyn – Remmer Janßen – Franz Klüsner – Heinrich Oltmann – C. O. Voget – Harm Willms

## (Anhang: Wilhelmine Siefkes – Mennonitin und Sozialdemokratin)

1

**Impressum:**

**Ostfrieslands leidenschaftliche Pastoren**
Sieben Pastorenporträts
von Matthias Hilbert

2. korrigierte und ergänzte Ausgabe 2021

Herausgeber:     Adlerstein Verlag
                 Hans-Jürgen Sträter
                 Wacholderstr. 26, 26639 Wiesmoor
                 kontakt@adlerstein-verlag.de
                 www.adlerstein-verlag.de

Herstellung und Verlag: BoD – Books on Demand, Norderstedt

Coverfoto:       Historische Christuskirche in Hollen,
                 Landkreis Leer, Ostfriesland
                 aus Wikimedia Commons
                 Autor: Frisia Orientalis (22.04.2009)

ISBN: 978-3-7504-2774-7

# Inhalt

Seite

Vorwort 5

1. Hans Bruns – Gottes Feuerhaken 7

Special: Hans Bruns und die Baptisten 14

2. Gerrit Herlyn – Plattdeutscher Prediger
und Bibelübersetzer 17

Special:
Gerrit Herlyn im Dritten Reich: Widerständler
oder Hitler-Sympathiesant? 23

3. Remmer Janßen – Pastorenoriginal mit Tiefen-
und Breitenwirkung 31

Special:
Missionsfeste und Missionshaus in Strackholt 53

4. Franz Klüsner – der „methodistische
Ostfriesenapostel" 59

5. Heinrich Oltmann – als „Papst in Loga"
führend im Kirchenkampf 71

Special:
Oltmanns vielgelesener Roman
„Und das Meer ist nicht mehr" 77

| | Seite |
|---|---|
| 6. Carl Octavius Voget – Pastor mit Charisma | 81 |
| Special:<br>Erweckung im Rheiderland | 89 |
| 7. Harm Willms – Theologe im Bauernrock | 95 |
| Special:<br>Unterdrückung und Ausbreitung der Baptisten<br>in Ostfriesland | 102 |

**Anhang**

| | |
|---|---|
| Wilhelmine Siefkes –<br>Mennonitin und Sozialdemokratin | 117 |
| Zum Buch | 124 |
| Zum Autor | 125 |

# Vorwort

Kirchengeschichte ist immer auch Biographiengeschichte, weil es Geschichte ohne Lebensgeschichten von Menschen nicht gibt.

Ich bin dankbar dafür, dass Matthias Hilbert mit diesen hier beschriebenen Porträts das Andenken an sieben Pastoren wachhält und mit Wilhelmine Siefkes an eine Frau erinnert, die sich für ihren Glauben öffentlich eingesetzt hat, noch bevor Frauen Pastorinnen werden konnten.

Es steht den Kirchengemeinden gut an, sich dankbar an diejenigen zu erinnern, die jeweils in ihrer Zeit und in den gesellschaftlichen Umständen als Pastoren gewirkt haben, in erster Linie als Verkündiger des Evangeliums, aber auch als Zeitgenossen, Impulsgeber, Kultur- und Bildungsträger. Sie waren eine prägende Kraft, deren Wirkung in manchen Gemeinden bis heute positiv zu spüren ist.

Mit seiner Auswahl der Personen bedenkt Matthias Hilbert die Vielfalt evangelischer Konfessionen in Ostfriesland. Indem er sich Baptisten, Methodisten und Mennoniten im Umfeld von evangelisch-reformierten und evangelisch-lutherischen Gemeinden im 19. und 20. Jahrhundert zuwendet, wird auf anschauliche Weise deutlich, wie spannungsreich das Verhältnis oft war.

Wir können dankbar sein, wie selbstverständlich das gute Miteinander in der Arbeitsgemeinschaft Christlicher Kirchen

(ACK) in Ostfriesland im gemeinsamen Bekenntnis zu Jesus Christus heute ist.

Die hier beschriebenen Lebensbilder zeigen dabei auch, dass christlich-gläubiges Engagement auch eine politische Dimension hat. Dies wird insbesondere in den Biographien deutlich, die in die Zeit des Nationalsozialismus hineinreichen.

Ich wünsche dem interessant geschriebenen Buch eine große Leserschaft, denn der eigene Glaube wird immer auch mitgeprägt von Menschen, die vor uns gelebt und gewirkt haben. Heute sind wir es, die als Gottes Zeugen in dieser Zeit unseren Glauben gestalten und auf vielfältige Weise in den unterschiedlichen christlichen Kirchen und Gemeinschaften in unserer schönen Region weitergeben dürfen. Dazu ermutigt dieses Buch in besonderer Weise.

> Dr. Detlef Klahr
> Regionalbischof
> Sprengel Ostfriesland-Ems

# Hans Bruns – Gottes Feuerhaken

„Meinen ersten Atemzug habe ich am 7. Oktober 1895 im Pfarrhaus unter dem alten, wuchtigen Wilhardikirchturm zu Stade getan. Ich bin also meinem Geburtsort nach Niedersachse, aber dem Blut nach gehöre ich zu den Ostfriesen. Beide Eltern stammten aus Ostfriesland; die Eltern meines Vaters waren Bauern, die der Mutter Müller. Im Laufe meines Lebens habe ich mich je länger, umso mehr als Ostfriese gefühlt. Auch bin ich zehn Jahre in Ostfriesland Pastor gewesen." So schreibt Hans Bruns, der im letzten Jahrhundert einer der bekanntesten Pfarrer und Evangelisten in Deutschland war und dessen Bibelübersetzung („Bruns-Bibel") bis heute nachgefragt wird, in seiner Autobiografie „Ich habe das Staunen gelernt".

Anfang der 20er Jahre war Bruns nach seiner Vikariatszeit in Kirchlinteln bei Verden für ein halbes Jahr Hauslehrer beim Fürsten Knyphausen auf Schloss Lütetsburg bei Norden gewesen. Nach seiner ersten Pfarrstelle in Drochtersen im „Alten Land" war er dann zehn Jahre lang – von 1924 bis 1934 – in der ostfriesischen Gemeinde Hollen Pfarrer der evangelisch-lutherischen Kirche. Bei einem seiner Hausbesuche trat einmal die Hausfrau, die gerade das Teewasser heiß machen wollte, plötzlich mit erhobenem Feuerhaken vor ihn hin und meinte zu ihrem verdutzten Pfarrer: „Herr Pastor, Sie sind auch solch ein richtiger Feuerhaken in unserer Gemeinde." Bruns ließ sich diesen Vergleich gern gefallen, war doch während seiner Dienstzeit in dieser Gemeinde in der Tat vieles „angefacht" worden.

Gegen den Willen seines lutherischen Superintendenten lud er noch in seinem ersten Hollener Amtsjahr den reformierten Amtskollegen Heinrich Oltmann aus Loga – ein ehemaliger Studienkollege und guter Freund von Bruns – zu einer mehrtägigen Evangelisation nach Hollen ein. Diese Veranstaltung sollte sich als überaus segens- und folgenreich erweisen, läutete sie doch gewissermaßen den Beginn einer langanhaltenden „Erweckung" in Hollen und Umgebung ein. Bruns selbst berichtete später über diese Evangelisationsveranstaltung so: „ Wir sahen Abend für Abend eine übervolle Kirche. (…) Es mussten Stühle und Bänke hereingeholt werden. An einem Abend standen die Hörer bis auf den Altarraum Kopf an Kopf und lauschten der Predigt, die an diesem Abend plattdeutsch gehalten wurde. (…) Nachmittags wurden Bibelstunden gehalten, die auch von Tag zu Tag mehr besucht wurden. (…) Und dann brach das Eis. Es kam zu entscheidenden Aussprachen im Pfarrhaus. (…) Überall saßen Menschen, die mit dem Evangelisten sprechen wollten. Viele aber brauchten gar keine besonderen Aussprachen, zumal nicht mit dem Pastor. Sie fanden selbst den Weg zu Jesus und halfen sich gegenseitig in den Häusern."

Im gleichen Jahr 1924 initiierte Bruns die Errichtung eines Kirchenchores, der am Anfang eher einen Jugendchor darstellte. Ein Jahr später unterstützte er die Gründung eines Posaunenchores, der aus zehn jungen Männern bestand. Überhaupt wusste der junge, dynamische Pastor die Jugend zu begeistern. Unter seiner Obhut begann in seiner Gemeinde die Arbeit eines „Jungmädchenvereins" und die Errichtung eines „Christlichen Vereins Junger Männer" (CVJM). Wobei sich die jungen Männer nicht nur zu wöchentlichen Bibelstunden trafen, sondern auch zu sportlichen Aktivitäten, Wanderungen und Radtouren. 1929 wurde sogar ein Jugendheim eingeweiht.

In den Räumen der Schule trafen sich Gemeindeglieder zu Bibelstunden und in Privathäusern zu Hausbibelkreisen bzw. Stubenversammlungen. Sonnabends gab es eine gut besuchte Gebetsversammlung im Pfarrhaus. Im Winter wurden verschiedentlich Bibelkurse für junge Menschen durchgeführt, bei denen man mehrere Tage lang zusammenkam. Das förderte nicht nur den Glauben, sondern auch die Gemeinschaft untereinander. Als auch die erwachsenen Männer und Frauen derartige Veranstaltungen für sich wünschten, gab es auch für sie ein entsprechendes Angebot. Immer wieder lud Bruns auch auswärtige Pfarrer zu Evangelisationen und Vorträgen in seine Gemeinde ein. In der 1996 herausgegebenen Festschrift zum 100jährigen Kirchenjubiläum Hollen heißt es: „Die Zeit war reif zur Ernte. Alle Aktivität, alles Denken und Handeln, alles Beten, Hören und Singen richtete sich auf das große Ziel aus, das ‚Erweckung' hieß. (…) In übervollen Gottesdiensten öffneten sich die Menschen unserer Gemeinde für den Glauben an Jesus und fingen ‚ein neues Leben' an unter der Leitung Jesu. Sie bekehrten sich, (…) Wie eine Welle ging diese Erweckung durch unsere Gemeinde. Ganze Familien und Nachbarschaften fanden Zugang zum Glauben. Segensspuren dieser lebendigen, ‚revolutionären' Zeit sind in unserer Gemeinde noch heute vorhanden."

Eine missionarische Kirche, das war es, was Bruns sich wünschte. Er wies darauf hin, dass Jesus seinen Jüngern nicht gesagt habe, dass sie *Referenten des Christentums* sein sollten, sondern seine *Zeugen*. Und so sollte der Verkündiger auch selbst von der christlichen Botschaft überzeugt sein und bei seiner Verkündigung folgende vier P beachten: Sie sollte a) *persönlich* sein, so dass die Hörer spürten: „Hier bin ich gemeint". Sie sollte b) *primitiv* sein, das heißt: einfach und unkompliziert. Sie sollte c) *praktisch* sein, mit dem Ziel, „dass jeder etwas mitnimmt für sein Haus, seine Familie, seine Arbeit". Und sie sollte d) *plastisch* sein, also bilderreich und anschaulich. In dieser Weise predigte Bruns in und außerhalb seiner Gemeinde, wobei die Menschen in großen Scharen ihm zuhörten.

Aber auch der persönliche Kontakt mit seinen Gemeindegliedern war Bruns sehr wichtig. Er war oftmals stundenlang unterwegs, um seine Hausbesuche zu machen. Er sah es als eine innere Pflicht an, nach Möglichkeit jedes Jahr wenigstens einmal in alle Häuser seiner über 2000(!) Gemeindeglieder gewesen zu sein. So wusste er über deren Freuden, Sorgen und Nöte genau Bescheid. Dabei kam ihm zugute, dass er mit den Leuten plattdeutsch sprechen konnte. Das alles schuf Vertrauen, schuf Nähe. Der Pastor war einer von ihnen.

Peinlich achtete Bruns darauf, auch die sogenannten „kleinen Leute" nicht zu übersehen. Eines Tages besucht er eine arme Familie. Die kränkliche Hausfrau empfängt ihn freudig. Aber es ist doch recht unsauber und schmuddelig in dem *einen* Raum, in dem die gesamte Familie wohnen und schlafen muss. Natürlich macht die Frau sofort Tee. Als der auf einem wackeligen Stuhl sitzende Besucher die zwei nur unzulänglich gereinigten Teetassen vor ihm auf dem Tisch betrachtet, da wird ihm schon „etwas ungemütlich" zumute. Doch das Schlimmste steht ihm noch bevor, als zwei Kinder mit laufenden Nasen in die Stube kommen. Bevor die beiden den Pastor begrüßen, putzt ihnen ihre Mutter mit einem Schüssel-tuch die Nase. Und dann wischt sie zu Bruns' Entsetzen mit demselben Tuch sogleich die Tassen „sauber". Nachdem die gute Frau den Tee eingeschenkt hat, meint sie noch: „So, Herr Pastor, das freut mich aber, dass Sie auch mal bei uns eine richtige Tasse Tee trinken, lassen Sie es sich gut schmecken." Bruns: „Ich muss offen gestehen, es schmeckte mir nicht gut. Aber die Tasse wurde getrunken, und ich konnte mit der Mutter über Gottes Wort sprechen und mit ihr beten."

Bei einem anderen Besuch hingegen kam Hans Bruns nicht umhin, sich insgesamt 9 Tassen dieses anregenden Getränks aufnötigen zu lassen. Und das kam so: Als er davon erfahren hatte, dass zwei miteinander verwandte Familien wegen einer Erbschaftsangelegenheit in Streit geraten waren, machte er sich umgehend zu ihnen auf den Weg. Als er nun in das erste Haus tritt, lädt man ihn sogleich zum Tee ein. Nun wusste Bruns, dass es so Sitte war, nicht schon am Anfang der

Teezeremonie mit der Tür ins Haus zu fallen, sondern erst bei der dritten Tasse mit dem eigentlichen Anliegen herauszurücken. Also unterhält man sich zunächst über Unverfängliches: Wie geht's den Kindern, was macht die Arbeit, was macht das Vieh? Dann aber kommt Bruns auf den Verwandtenzwist zu sprechen. Es gelingt ihm, das Ehepaar zur Einsicht zu bringen, dass es zu einem Teil auch selbst Schuld an dem unseligen Streit habe. Daher nimmt man gerne des Pastors Angebot an, zwischen den beiden Familien zu vermitteln. Also sucht Bruns umgehend die in der Nähe wohnende zweite Familie auf.

Und auch hier derselbe (gast)freundliche Empfang. Und auch jetzt spricht man bei den beiden ersten Tassen über dies und das. Und erst dann schneidet Bruns den Familienstreit an. Wiederum kommt es zu einem ähnlichen Reaktionsablauf wie bei der ersten Familie: Zunächst wird die Schuld den anderen zugeschoben, dann aber folgt das Eingeständnis, dass bei genauerer Betrachtung man selbst wohl auch seinen Anteil am Streit habe. Es wird beschlossen, gemeinsam mit dem Pastor die Nachbarfamilie aufzusuchen. Zuvor ziehen Mann und Frau noch ihre Festtagskleider an.

Feierlicher Empfang nun auch im Nachbarhaus. Am Anfang herrscht zwar noch eine gewisse Verlegenheit. Doch kommt es dann bei der dritten Tasse Tee – für Bruns ist es mittlerweile die neunte! – zu einer herzlichen Versöhnungsszene.

Als 1933 die Nazis an die Macht kamen, „erlag Bruns wie so viele andere zunächst der Faszination des Nationalsozialismus" (Paul Weßels). Er schloss sich der „Glaubensbewegung Deutscher Christen" an und trat auch öffentlich für sie auf. So am 29. Mai in Leer bei einer großen Kundgebung. Bereits wenige Monate später kam es dann allerdings bei ihm zu einer konsequenten Kehrtwende. „Als im Dezember", so Bruns, „die berühmte Kundgebung im Sportpalast Berlins war, in der die

Botschaft der Bibel verdreht, ja, geradezu verlästert wurde, bin ich mit einer öffentlichen Erklärung in der Zeitung ausgetreten. Mit einigen meiner Pastorenfreunde, die zum Teil meinetwegen mitgegangen waren, erklärten wir (…), dass wir nun öffentlich Protest einlegen müssten. Darum könnten wir nicht anders, als aus der Bewegung auszuscheiden." Gegen das berüchtigte Buch des NSDAP-Ideologen Alfred Rosenberg, „Der Mythos des 20. Jahrhunderts", verfasste Bruns eine Gegenschrift. Diese wurde zwar gedruckt, dann aber auf Veranlassung höherer Instanzen eingestampft und verboten.

1934 verließ Hans Bruns seine geliebte Hollener Kirchengemeinde und folgte einem Ruf des Deutschen Gemeinschafts-Diakonieverbandes, für den er fortan als viel gefragter Evangelist und Freizeitleiter tätig war. Ihm war es stets wichtig, die Menschen zu einer lebendigen Glaubensbeziehung mit Jesus Christus hinzuführen, welche von Vertrauen zu dem gekreuzigten und auferstandenen Herrn und dem Gehorsam gegenüber Gottes Wort geprägt war. Er verglich den Entstehungsakt einer solchen Beziehung mit einer Heirat, indem er meinte: „Ich bin mit Jesus verheiratet, wenn ich ihm in aller Klarheit und Öffentlichkeit mein Jawort gebe. Ich gehöre zu ihm. Erst dieses ‚offizielle' Ja ist entscheidend, nicht alle früheren Jas und auch nicht, wenn wir später immer neu Ja sagen. Einmal muss jeder sich festlegen."

Darauf drängte Bruns in seinen Predigten und Evangelisationen, aber auch in persönlichen Gesprächen. Bei dieser „Knopflochmission" sprach er die Menschen ganz direkt auf die Glaubensfrage an. Dabei kannte er keine falschen Hemmungen, da redete er auch nicht um den heißen Brei. Sein Sohn Warner meinte später: „Vater brauchte Menschen um sich herum, und er sprach sie sehr schnell an, immer mit dem ihm heiligen Anliegen, dass sie Jesus kennenlernen möchten. Er hat wohl kaum eine Reise gemacht, bei der nicht im Zug mit den Mitreisenden ein Gespräch über Jesus und den Glauben geführt wurde." Und: „Seine Pastorenbrüder hatten es allerdings nicht immer leicht mit ihm. Er konnte ihnen durch seine direkte Art sehr auf die Nerven fallen. ‚Lieber Bruder ..., können Sie zu Jesus beten?', so fragte er mehr als einen Amtsbruder. Auch einem Theologieprofessor gegenüber scheute er nicht die sehr direkte Frage: ‚Herr Professor, sind Sie bekehrt?'." Wie Warner Bruns anmerkt, „(konnte) so etwas als taktlose Neugier missverstanden werden, kam aber aus einer echten, tiefen Sorge um die persönliche Klarheit des Verhältnisses zu Jesus. Natürlich lässt sich die große Gelöstheit und Lockerheit, in der Hans Bruns solche Fragen stellte, nicht einfach nachmachen."

Doch Bruns war nicht nur ein begnadeter Verkündiger und Seelsorger, er besaß auch eine außergewöhnliche schriftstellerische Begabung. Viele erbauliche Betrachtungen und Lebensbeschreibungen sind – in volkstümlicher Sprache verfasst – aus seiner Feder geflossen. Und nicht zu vergessen sein bekanntestes Werk, das zu einem regelrechten Longseller wurde: die sogenannte „Bruns-Bibel"! Dabei handelt es sich um eine moderne Bibelübertragung in allgemein verständlicher Umgangssprache. Sie sollte sich als bahnbrechend für andere moderne Bibelübersetzungen erweisen. Das Besondere an der „Bruns-Bibel" ist, dass die einzelnen Textabschnitte mit kurzen erklärenden und kommentierenden Anmerkungen versehen sind. 1959 erschien im Brunnen Verlag zuerst das von Bruns übersetzte Neue Testament. Die Nachfrage war überwältigend. Bald schon folgte eine Übertragung des Alten Testaments, und Ende 1963 kam dann die vollständige „Bruns-Bibel" (AT und NT) heraus. Der Verlag geht inzwischen davon aus, dass alle Auflagen zusammen im siebenstelligen Bereich liegen.

Hans Bruns ist am 8.3.1971 gestorben. Sein Leben war voller Vitalität, Schaffenskraft und Tatendrang gewesen. Dabei sollte allerdings seine Frau Marianne, mit der er acht Kinder hatte, nicht unerwähnt bleiben. Sie hatte ihren Mann bei seinen vielfältigen Diensten nicht nur selbstlos unterstützt, sondern ihm auch stets den Rücken freigehalten.

## Special:

## Hans Bruns und die Baptisten

Hans Bruns, der später gelegentlich über sich sagte: „Ich bin ein baptistischer-methodistischer-reformierter-lutherischer Pietist", legte von Anfang an Wert auf gute, vertrauensvolle Beziehungen zu Christen anderer Benennungen, wie etwa den Reformierten oder den Methodisten und den Baptisten. Besonders mit Letzteren teilte er das missionarische Anliegen. So hatte er dann auch gleich zu Beginn seines Dienstes in Hollen seinen reformierten Amtskollegen Heinrich Oltmann aus Loga zu einer mehrtägigen Evangelisationsveranstaltung eingeladen (siehe oben).

Dass schon bald nach dieser missionarischen Veranstaltung auch die Baptisten eine Evangelisation durchführten, sah Bruns durchaus positiv. Dankbar vermerkt er: „Die Nachwirkung dieser Evangelisation (mit Oltmann; M.H.) hielt noch lange an. (…) Eine Evangelisation bei den Baptisten half entscheidend mit, dass das Erleben weiter um sich griff und in die Tiefe ging. Die Weisheit der baptistischen Brüder war so groß, dass sie in keiner Weise zur Taufe drängten, sondern nur Jesus als den Herrn unseres Lebens verkündigten."

Eines Abends hatte sich Hans Bruns mit seiner Frau gerade zur Nachtruhe begeben. Da hört er draußen vor seinem Haus einen Betrunkenen grölen: „Hier wohnt der junge Baptistenpastor, hier wohnt der junge Baptistenpastor!" Als er mit dem Krakeelen nicht aufhört, geht Bruns vor die Haustür und ruft dem Mann, in dem er einen seltenen Kirchgänger erkannte, zu: „Sie wollen mich wohl besuchen, jetzt geht das nicht gut. Aber Sie können gern morgen wiederkommen. Ich habe Zeit für Sie." Natürlich besuchte der Mann den Pastor am nächsten Tag nicht – stattdessen leistete Bruns dem Mann einen „Gegenbesuch" ab. Als er in die Küche kommt, flüchtet dieser jedoch in eine kleine Nebenkammer. Somit konnte er nur mit der Ehefrau über den nächtlichen Vorfall sprechen – „etwas lauter als sonst", damit der Geflüchtete auch alles mitbekam...

Bezeichnend ist nun aber, wie Bruns selbst die gegrölten Worte kommentierte: „Ich war ja", so schreibt er, „wahrlich kein Baptistenpastor. Mit der kleinen Baptistengemeinde (in Südgeorgsfehn; M.H.) hatte ich ein gutes Verhältnis. (…) Die Leute kamen auch wohl zu mir in die Kirche. Aber ich war landeskirchlicher Pastor. – Warum der Mann mich so nannte, habe ich nie erfahren. Wusste er keinen anderen Ausdruck zu finden, um klarzumachen, dass ich irgendwie anders verkündigte und redete als vielleicht andere? Dann war es ja nur eine Ehre für die Baptisten wie für mich, dass er so schimpfte."

Gleich am Anfang seines Dienstes hatte Bruns übrigens seinen Antrittsbesuch bei dem Baptistenprediger im benachbarten Südgeorgsfehn gemacht. Diese Gemeinde war etwa zwei Jahrzehnte zuvor entstanden, als der damalige Hollener Kirchenpfarrer allzu stark die lutherische Lehre von der Taufwiedergeburt betonte. Dem konnten eine ganze Reihe von Gemeindegliedern nicht zustimmen und schlossen sich zu einer baptistischen Freikirche zusammen. Seitdem ging der gekränkte Pfarrer dem Baptistenprediger aus dem Weg. Anders Hans Bruns. Er schreibt: „Nun hatte ich in völliger Harmlosigkeit diesen Besuch gemacht. Es ist dann je länger, je mehr zu einer herzlichen Allianz mit allen freikirchlichen Gemeindegliedern gekommen. Die Baptisten kamen sogar gelegentlich zu meinen Gottesdiensten, umgekehrt besuchten viele gern die Stunden der Baptisten. Ich weiß noch, wie ein junges Mädchen durch eine Evangelisation bei den Baptisten zum lebendigen Glauben kam und sich dann taufen ließ. Ich habe sie in keiner Weise gehindert, das zu tun, und sie hat mit unserer kirchlichen Arbeit gerne Verbindung gehalten."

Der frühere Baptistenpastor Walter Feldkirch erinnerte sich 1971 in einem Beitrag in „Die Gemeinde": „Als ich 1946 Prediger der kleinen ostfriesischen Gemeinde Südgeorgsfehn wurde, traf ich bei meinen Hausbesuchen überall auf die Segensspuren, die der Dienst von Hans Bruns, von 1924 bis 1934 Pastor in Hollen, hinterlassen hatte. Südgeorgsfehn ist Nachbardorf und Pfarrbezirk von Hollen, und es waren damals knapp zwölf Jahre her, dass Hans Bruns Hollen verlassen hatte. Wenn ich in den blitzsauberen Küchen im Hörnstuhl saß und meine obligaten drei Tassen Tee trank (…), kam das Gespräch oft auf Hans Bruns. Dann leuchteten die Augen meiner Bauern. Ostfriesland hat Hans Bruns viel zu verdanken, aber Hans Bruns auch den Ostfriesen."

### Literatur- und Quellennachweis

Hans Bruns: Ich habe das Staunen gelernt. Wuppertal/Gladbeck 1966
Hans Bruns: Hör mal zu! Kurzerzählungen aus Leben und Dienst. Gladbeck 1951
Hans Bruns: Hör weiter zu! Aus Leben und Dienst schlicht erzählt. Gladbeck 1952
Warner Bruns: Hans Bruns. In: Arno Pagel (Hg.): Sie wiesen auf Jesus. Marburg 1978, 136-143
Georg Collmann: Die Kirchengemeinde Hollen und der junge Pastor Hans Bruns. In: Festschrift 100-jähriges Kirchenjubiläum Hollen (1896-1996), 26-30
Walter Feldkirch: Hans Bruns und Ostfriesland. In: Die Gemeinde 30/1971, 5f
Hella Thorn: Bibel-Pionier und Evangelist. 50 Jahre Bruns-Bibel. In: Fasznation Bibel 3/2013, 37f
Paul Weßels: Hans Bruns. Kurzbiographie auf der Webseite der Ostfriesischen Landschaft sowie BLO IV. Aurich 2007, 76-78
Paul Weßels: Nicht hoffnungslos, sondern handelnd. Heinrich Oltmann (1892-1937). Ein reformierter Pastor im Kirchenkampf. Wuppertal 2002
Pressetext Brunnen Verlag: 50 Jahre Bruns Bibel sowie Mitteilung des Brunnen Verlags an Matthias Hilbert am 15.7.2019 in einer Mail.

## Gerriet Herlyn – Plattdeutscher Prediger und Bibelübersetzer

Gerrit Herlyn (1909-1992) ist ein in Ostfriesland und darüber hinaus überaus bekannter und geschätzter reformierter Pfarrer gewesen. Das lag nicht nur an seiner volkstümlichen und humorvollen Art, mit der er als Seelsorger und Verkündiger des Evangeliums viele Herzen erreichte, sondern das lag auch an seinem schriftstellerischen Engagement. So war er von 1938-1979 neben seinem Pfarrdienst Schriftleiter des Sonntagsblattes für ev.-ref. Gemeinden gewesen. Er prägte die norddeutsche Kirchenzeitung so sehr, dass man gemeinhin vom „Herlynschen Sonntagsblatt" sprach. Auch veröffentlichte er Jahr für Jahr Beiträge für den deutschlandweit vertriebenen Neukirchener Kalender.

Bekannt geworden ist Herlyn aber auch durch seine plattdeutschen Andachten, die in großer Zahl vom Norddeutschen Rundfunk ausgestrahlt wurden. Verdienste um die Pflege und Ausbreitung des ostfriesischen Platt erwarb er sich auch durch das von ihm gemeinsam mit Otto Buurman herausgebrachte vielbändige Hochdeutsch-plattdeutsche Wörterbuch. Durch seine Übertragung des Neuen Testaments aus dem Griechischen ins Plattdeutsche hat er den Ostfriesen – wie einst Luther den Leuten – gewissermaßen „auf's Maul geschaut". Und seine auf Plattdeutsch gehaltenen jährlichen Neujahrspredigten in der Großen Reformierten Kirche zu Leer hatten fast schon Kultcharakter und fanden stets vor „vollem Haus" statt. Auf Plattdeutsch (teils aber auch auf Hochdeutsch) sind ferner viele Erzählungen aus dem ostfriesischen Raum aus seiner Feder geflossen. Sie tragen oftmals einen geistlichen Hintergrund in sich.

Letzteres gilt auch, wenn Herlyn aus seinem eigenen Leben erzählt. So etwa, wenn er vom Schicksal seiner französischen

Vorfahren berichtet und dabei gleichzeitig einen Bogen zu einer christlich-existenziellen Ausdeutung schlägt: „Meine Vorfahren väterlicherseits", lässt er in „Ostfriesland – Wo Himmel und Erde sich berühren" den Leser wissen, „waren Hugenotten, die um ihres Glaubens willen aus Frankreich flüchteten. Ein gleiches Schicksal widerfuhr meinen Ahnen mütterlicherseits, die aus denselben Gründen von Salzburg vertrieben wurden. Das bedeutet für mich nicht zufälliges Schicksal, sondern verpflichtendes Erbe. ‚Wir haben hier keine bleibende Stadt', so steht es in der Bibel und das gilt allen Menschen: Irdische Heimat ist keine bleibende Stadt. Aber eben darum muss der Mensch im Flugsand der Zeiten und der Vergänglichkeit irdischen Lebens ‚etwas haben, an dem er hangen kann und das nicht von ihm abhängt', und ‚der Glaube kann größer machen als alles, was in der Welt ist' (M. Claudius)."

Dass Herlyn hier Matthias Claudius zitiert, ist nicht von ungefähr. Denn von dem „Wandsbeker Boten" hielt er besonders viel, war doch die Art seiner Frömmigkeit und Glaubensrealisierung für ihn so beispielgebend, dass er ihn sogar in einer kleinen Schrift („Matthias Claudius – Zeuge des Lebens") vorstellte. In ihr bekennt Herlyn: „Was ich an Claudius mag? Nun, er war nicht frömmelnd, sondern fromm. Er beugte sich in Demut vor Gott, aber ging nicht mit gesenktem Kopf in die Kirche. Er hatte Verstand, war aber kein Intellektueller. Er hatte Mut, die Wahrheit zu sagen, aber immer so, dass sie einem andern nicht weh tat. Er war weichherzig, aber nicht wehleidig. (…) Er sehnte sich nach einer anderen, besseren Welt und stand doch mit beiden Beinen auf dieser Erde. Selten kommt es vor, dass Botschaft und Bote eine solche innige Einheit sind. Das kann man nicht nachmachen, aber es kann einem Mut machen, zu suchen, was er gefunden hat: ‚Etwas Festes muss der Mensch haben, wo er seinen Anker auswerfen kann, das nicht von ihm abhängt, aber woran er hängt.' Claudius zeigt uns diesen festen Ankerplatz. Er war für ihn nicht ein allgemeiner Glaube an Gott, sondern, je länger er lebte, fand er ihn in der einmaligen Offenbarung Gottes in Jesus Christus, ‚der muss uns heben und festhalten, solange wir leben, und der muss uns die Hand unter den Kopf legen, wenn wir mal sterben.'" Diese Sätze zu (und von) Matthias Claudius sagen sehr viel aus über das eigene Selbstverständnis Herlyns als Christ.

Über seinen Geburtsort schrieb Herlyn in seiner unnachahmlichen Art: „In Lüttje Milm (Midlum; M.H.) bün ik geboren un grootworden. Dat is'n Dörp achter de Eems. Mien Vader was dor Pestoor. (…) In't Midden van dat lüttje Dörp steiht vandaag noch dat grote Karkgebau ut toll Klosterstenen, van starke Pielers stönt, anners was de seker al lang bi'n annersackt. Mi kummt dat is vör, as sitt dor breed un dick un warm 'n Kluckhenn. De Kükens, de darto hören, dat bünt all de Huuskes um de Kark to, un de paar Burenplaatsen schuven sük mit hör Vörenn ok noch heel dicht heran, dat to 'n minnsten de Mensken noch 'n bietje Schuul un Scharr ofkregen."*

* „In Klein-Midlum bin ich geboren und groß geworden. Das Dorf liegt hinter der Ems. Mein Vater war dort Pastor. (…) In der Mitte des kleinen Dorfs steht auch heute noch das große Kirchengebäude aus Klostersteinen, von mächtigen Pfeilern gestützt – sonst wäre es sicher schon längst zusammengesackt. Mir kommt es so vor, als ob da – breit und dick und warm – eine Gluckhenne sitzen würde. Die Küken, die dazugehören, sind all die Häuser um die Kirche herum. Und die Bauernhöfe mit ihren Vordergebäuden schieben sich auch noch ganz dicht heran, so dass zumindest die Menschen noch ein bisschen Schutz und Schatten abbekommen."

Herlyn hatte es als Geschenk und Bereicherung empfunden, „zweisprachig" aufgewachsen zu sein. Als Kind sprach er mit seinen Eltern hochdeutsch, aber im Dorf mit den anderen Kindern und Bewohnern plattdeutsch. Beide Sprachen – so seine Meinung – würden einander durchdringen und sich gegenseitig befruchten. Überhaupt war er davon überzeugt, dass die schöpferische Sprache den Menschen sogar entscheidender prägen würde als die biologische Erbmasse. Er hatte „es an Kindern erlebt, deren Eltern aus dem Osten unseres Vaterlandes stammen, die hier geboren wurden und plattdeutsch lernten, dass sie als Erwachsene in Art und Weise ihres Denkens und Handelns von keinem Ostfriesen zu unterscheiden waren. Durch die Sprache wurden sie Ostfriesen und wurde Ostfriesland ihre Heimat."

Kein Wunder, dass Herlyn selbst (sich) durch und durch als Ostfriese empfand. „Ik wüß good", so war er sich sicher, „wat ik dorför betahlen sull, Ofbescheed nehmen van de Heimat. Ik bün alltied heimwehachtig west un hebb dat neet verloren." Und an anderer Stelle meinte er: „Dat ik in Ostfreesland bleven un neet binnenlands gahn bün, dat kummt bi mi neet darvan, dat ik wor anners mien Brood neet ok verdenen kunnt harr un ok neet darvan, omdat ik dat platte Land so völ mojer finn as de Bargen, man dat liggt an de Mensken, de ik better verstah as annern un di mi verstahn. Un dat liggt weer daran, dat wi desülvige Tung hebben. Ik mutt neet dreemal nafragen, wenn mi een wat vertellt, un ik mutt hum dat ok neet wiedlopig verklaren, wat ik hum seggen will."*

* „Ich weiß wohl, was ich dafür bezahlen müsste, wenn ich Abschied nähme von der Heimat. Ich habe immer Sehnsucht nach der Heimat gehabt und habe das nie verloren." – „Dass ich in Ostfriesland geblieben und nicht ‚außer Landes' gegangen bin, das kommt bei mir nicht davon, dass ich woanders nicht auch mein Brot hätte verdienen können. Und es rührt auch nicht daher, weil ich das flache Land so viel schöner finden würde als die Berge, nein, das liegt an den Menschen, die ich hier besser verstehe und die auch mich verstehen. Und das liegt eben auch daran, dass wir dieselbe Sprache haben. Ich muss nicht drei Mal nachfragen, wenn mir etwas erzählt wird, und ich selbst muss auch nicht einem etwas umständlich erklären, was ich ihm mitteilen will."

Herlyn wollte als Pastor nicht in Distanz zu seinen Gemeindegliedern stehen und leben, sondern ihnen auch als Mensch nah und zugewandt sein. Das machen auch seine Anmerkungen deutlich, als es einmal von ihm hieß: „Pestoor is 'n Lümmel!" Der Vorfall hat sich wohl auf seinem ersten Gemeindegebiet in Ihrenerfeld zugetragen. Gerrit Herlyn besucht eines Tages eine einfache Frau aus seiner Gemeinde. Dabei spielt er ihr einen kleinen Streich: Heimlich entwendet er ihr aus dem Küchenschrank die kleine Teedose. Als die Frau nun irritiert feststellt, dass die Dose (und damit auch der Tee) verschwunden ist, hilft ihr der Pastor „großzügig" aus. Er erklärt seiner Gastgeberin, dass er für den Notfall immer Tee bei sich habe – und kramt aus seiner Tasche umständlich die gesuchte Teedose hervor… Nach einigen Tagen vermeldet die Pastorenfrau ihrem Mann, dass die Gemeindeschwester ihr ganz aufgeregt mitgeteilt habe, dass ausgerechnet jene Frau, die doch sonst so viel von ihrem Pastor halte, über ihn gesagt habe: „Pestoor is 'n Lümmel!" Dass der immer Streiche im Kopf habe, so die Gemeindeschwester, dass wisse man ja, aber dass er ein „Lümmel" sei, – das gehe doch wohl zu weit! Amüsiert über das Missverständnis, merkt Herlyn an: „Dat was nu 'n stuur Pand, de Schwester was ut Lippskerland un harr gien Künn dorvan, wo dat mit dat Woord van de Lümmel meent was. Dat was gien Ofkören, man in Tegendeel; Frau Heikes woll dormit seggen: He is nett so een as wi, he deit nett grootsk, he kann mit lüttje Lü umgahn so as sük dat hört (…), he is mit uns unnerwegens, man so, dat he 'n Minske is un neet alltied in 'n swart Packje un bet boven in Stievsel löppt, man mit uns eten un drinken un lachen kann. Dat he Pestoor is un blifft, dor is he för insett – man dat he 'n Minske blifft bet dorhen, dat man dat van hum seggen dürt: He is 'n ‚Lümmel', dor sitt dat in. Is Pestoor nu 'n Lümmel? All, de mi kennen, mutten 't weten!"*

* „Das war nun eine schwierige Angelegenheit. Die Schwester war aus dem Lipperland und konnte nicht wissen, wie das mit dem Lümmel gemeint war. Das war kein Schimpfwort, im Gegenteil; Frau Heikes wollte damit sagen: Er ist einer wie du und ich, er tut nicht groß, er kann mit den kleinen Leuten so umgehen, wie sich das gehört (…), er ist mit uns gemeinsam unterwegs, aber so, dass er ein Mensch bleibt und nicht ständig im schwarzen Anzug und mit gesteiftem Kragen daherkommt, aber mit uns zusammen essen und trinken und lachen kann. Dass er Pastor ist und bleibt, dazu ist er eingesetzt – aber dass er ein Mensch bleibt bis dahin, dass man von ihm wohl sagen darf: Er ist ein ‚Lümmel', auch darauf kommt es an. Ist der Pastor nun ein Lümmel? Alle, die mich kennen, müssen das wissen!"

Als Herlyn 1952 nach Leer kam und in der Großen Reformierten Kirche die Neujahrspredigt – wie dort traditionell üblich – auf Platt halten sollte, hatte er erst Bedenken. Dann

21

aber sagte er zu („ik wull nu neet geern, dat jüst up Olljahrsavend 'n anner as ik de holten Büx anharr") und hielt seine erste Predigt auf Plattdeutsch. Viele sollten fortan folgen. Mehr und mehr wird Herlyn sich bewusst, dass bestimmte Inhalte der Bibel sich den ostfriesischen Menschen auf plattdeutsche Art besser vermitteln lassen als in hochdeutscher Sprache. Und so überträgt er schließlich – zwar nicht auf der Wartburg, aber dafür vorzugsweise in seinem Urlaubsort Locarno – ausgewählte Psalmen und das ganze Neue Testament in ostfriesisches Platt: „Jetzt ging es darum, dem Urtext noch einmal nachzuspüren nach seinem eigentlichen Gehalt und den in meiner Muttersprache Ausdruck zu verleihen, notfalls mit neuen Bildern und anderen Worten." Im Vergleich zu der plattdeutschen Übersetzung des Neuen Testaments von dem Logaer Pastor Oldig Boekhoff aus dem Jahr 1915 drückt sich Herlyn in seinem „Neei Testament" schöpferischer und mit größerer Ausdruckskraft aus. Nach Anton Lüpkes kommt es bei Boekhoff immer wieder einmal „bei aller Übersetzungstreue" zu einem „peinlich-hochdeutsch-plattdeutschem Gemisch". Während Herlyns Übertragung „plattdeutsch gedacht und gesagt (ist), wenn zum Teil auch nicht genau übersetzt".

Der Pfarrerssohn Gerrit Herlyn hatte an verschiedenen in- und ausländischen Hochschulen Theologie studiert. 1937 wurde ihm schließlich die Pastorenstelle in der Gemeinde Ihrenerfeld (Westoverledingen) übertragen. Nach Ausbruch des Zweiten Weltkrieges wird er dann im Mai 1940 einberufen. Er nimmt am Russland-Feldzug als Funker in einem Armee-Nachrichten-Regiment teil. Am letzten Tag vor der Kapitulation gerät er in russische Kriegsgefangenschaft. In einem vergitterten Güterwagen wird er in ein Lager in Tumalaika, 400 km südlich von Moskau, gebracht. Während eines Arbeitseinsatzes zieht er sich einen mehrfachen Beckenbruch zu. Doch kann er bereits 1946 in die Heimat zurückkehren und seinen Pastorendienst in Ihrenerfeld wieder aufnehmen.

Der 1992 in Leer verstorbene Gerrit Herlyn ist ohne Zweifel einer der profiliertesten und populärsten ostfriesischen Pfarrer gewesen. Mancherlei Ämter sind dem Unermüdlichen in seinem Leben übertragen worden und zahlreiche Auszeichnungen wurden ihm zuteil. Er war nicht nur Mitglied des Landeskirchenvorstandes der Ev.-ref. Kirche in Nordwestdeutschland, sondern auch Synoden- und Präsidiumsmitglied der Evangelischen Kirche in Deutschland. Von 1959 bis 1971 leitete er das Diakonische Werk der Evangelisch-reformierten Kirche. Er wurde mit dem Kronenkreuz in Gold des Diakonischen Werks der Evangelischen Kirche in Deutschland ausgezeichnet. Sogar das Bundesverdienstkreuz wurde ihm zuerkannt. 1986 ehrte ihn die Ostfriesische Landschaft mit der Ubbo-Emmius-Medaille, der höchsten Auszeichnung, die diese Körperschaft zu vergeben hat. Herlyns Sohn Wilmjakob beschrieb seinen Vater im „Ostfriesland-Magazin" (1/2010) als einen „Menschenfreund", der „für alle da war, die Trost und Rat suchten" und der sich „zu den Schwachen und Bedürftigen hingezogen" gefühlt habe.[1]

## Special:

## Gerrit Herlyn im Dritten Reich: Widerständler oder Hitler-Sympathisant?

Gerrit Herlyn war ein in Ostfriesland und darüber hinaus allseits geachteter Kirchenmann gewesen (siehe oben). Doch das positive und makellose Bild hat nun durch eine jüngst erschienene Veröffentlichung von Jürgen Sternsdorff Risse bekommen. In seiner Monografie „Gerrit Herlyn zwischen Kreuz und Hakenkreuz", Verlag Vertaal und Verlaat Marburg 2015, untersucht der Autor anhand von zeitgeschichtlichen Quellen und bislang unveröffentlichten biografischen Dokumenten das Verhalten Herlyns während des Dritten Reiches.

Geht man der Frage nach, wie im Einzelnen Herlyns Verhältnis zum Nationalsozialismus bzw. zu Adolf Hitler sich manifestiert hat und wie es in der Rückschau zu bewerten ist, so muss zunächst auf seine biografisch-politische Entwicklung vor Beginn der Naziherrschaft 1933 hingewiesen werden. Gerrit Herlyn kam aus einem bürgerlichen Elternhaus. Sein Vater war ebenfalls Pfarrer gewesen. Und wie so viele Menschen (besonders aus dem Bürgertum), die im Kaiserreich großgeworden waren, so waren auch die Herlyns Anhänger der Hohenzollern. Diese Anhänglichkeit zum Kaiser(tum) hörte bei nicht wenigen Deutschen auch nach der Katastrophe des Ersten Weltkriegs, der Abdankung Wilhelms II. und der Errichtung der Weimarer Republik nicht auf. Ihnen blieb die neue demokratisch-republikanische Staatsform fremd und suspekt. Auch hegten viele diverse Vorurteile und Stereotypen über die Juden und beklagten ihren Einfluss auf Presse, Kunst und Börse. Die Bedingungen des Versailler Vertrages wurden als ungerecht angesehen und man hoffte auf eine Revision und damit auch auf eine Wiedererstehung Deutschlands in seinen alten Grenzen. Volk und Vaterland waren Ideale, für die man nach wie vor bereit war, das Leben hinzugeben. Auf die Diktatur der Bolschewisten in Russland mit ihren Terrormaßnahmen und der Verfolgung von Christen sah man mit Angst und Entsetzen. Manche befürchteten, dass Ähnliches auch Deutschland drohen könnte.

So in etwa stellte sich der politische Background dar, in dem Gerrit Herlyn aufwuchs. Er wurde von ihm als ein Kind seiner Zeit übernommen und nicht weiter hinterfragt. Daraus ist ihm nicht unbedingt ein Vorwurf zu machen. Allerdings führten dieser Hintergrund und die mit ihm verbundene Grundstimmung bei vielen Bürgern aus dem national-konservativen Lager, und damit auch bei Herlyn selbst, zu gewissen Schnittmengen mit dem Nationalsozialismus, dessen Ideologie man eigentlich ablehnte. Doch zumindest die außenpolitischen Ziele der Nazis entsprachen durchaus auch eigenen Wünschen. Dabei sah man über so manche fragwürdigen innenpolitischen Maßnahmen gerne hinweg. Überhaupt unterschieden nicht wenige Bürger zwischen dem Auftreten der Nazis und der Person Adolf Hitlers, zumal der doch unmittelbar nach der Machtergreifung das Christentum zur „Basis unserer gesamten Moral" erklärt und – wie der Reformierte Bund im April 1933 freudig feststellte – „der Kirche für ihre Arbeit und ihren Dienst an unserem Volk volle Freiheit gewährleistet" hatte. Und der überhaupt gottesfürchtig zu sein schien, sprach er doch gerne von der „Vorsehung Gottes" in seinem Leben. Und überdies: Hatte man nicht – nach Römer 13,1 – sowieso „der Obrigkeit untertan" zu sein?

Und so hegte auch Gerrit Herlyn durchaus Sympathien für Hitler. Während eines Studienaufenthaltes 1933 an der Universität Kampen in den Niederlanden hängt er demonstrativ einen Fahrradwimpel mit der Hakenkreuzfahne an sein Fenster und verärgert mit diesem Bekenntnis zu Hitler-Deutschland die Holländer. Und auch dass er in zwei Fällen (1937 und 1943) seine Schreiben an das ev.-ref. Kirchenamt mit „deutschem Gruß" bzw. einem „Heil Hitler" unterzeichnet, kann in gewisser Weise als ein Bekenntnis zum „Führer" angesehen werden. Waren diese einander gleichbedeutenden Grüße doch – wie Sternsdorff minuziös nachweist – im kirchlichen Schriftverkehr eigentlich unüblich. Dass diese Vorkommnisse nicht lediglich Petitessen darstellen, sondern eine gewisse Grundhaltung ausdrücken, macht nicht zuletzt Herlyns Jahresrückblick-Beitrag vom 30.12.1939 im Sonntagsblatt für evangelisch-reformierte Gemeinden deutlich. In ihm heißt es:

*„Am Anfang des Jahres 1939 haben wir uns wohl gefragt: was mag das neue Jahr uns bringen? (…) Wenn wir an unser deutsches Volk denken, dann hat es uns viel und Großes gebracht (…): Böhmen und Memelland sind wieder in das Reich zurückgekehrt! Die Slowakei stellt sich unter den Schutz Deutschlands! Der Krieg gegen Polen wurde in wenigen*

*Wochen gewonnen, eine glänzende Waffentat, die ihresgleichen sucht!"*

Und zum gescheiterten Attentat auf Hitler in München im selben Jahr wird ausgeführt:

*„Wir denken auch an die Bewahrung unseres Führers, auf dessen Leben ein verbrecherischer Anschlag geplant war, der uns alle mit Abscheu und Empörung erfüllt. Die Tagespresse hat immer wieder darauf hingewiesen, daß hier die Vorsehung des Himmels selber eingegriffen habe."*

Bereits im März 1933, also kurz nach der Machtergreifung Hitlers, hatte Herlyn in dem christliches Tagesblatt „Aufwärts" über den neuen Reichskanzler gemutmaßt: „Vielleicht hat die ganze Welt ihm einmal die Befreiung von der bolschewistischen Gefahr zu danken."

Bei all dem war Herlyn aber kein Anhänger (und erst recht kein Mitglied) der NSDAP. (Sternsdorff: „Herlyns Sympathie für die Nazis in politisch-staatlicher Hinsicht steht die Antipathie gegen sie in weltanschaulich-religiöser Hinsicht und seine Entschlossenheit gegenüber, Kirche frei von staatlicher Politik bzw. Einmischung zu halten.") Und so stand er auch von Anfang an der „Bekennenden Kirche" nahe, deren Vertreter sich vehement gegen eine ideologische Beeinflussung durch die „Deutschen Christen" und einen staatlichen Zugriff auf Kirche und Bekenntnis wehrten. Als 1934 unter der entscheidenden Mitwirkung von Karl Barth die Bekennende Kirche in der Barmen-Gemarker Gemeinde des Pfarrers Karl Immer, einem Onkel von Gerrit Herlyn, die berühmt gewordene „Barmer Erklärung" verfasste, war dieser gerade Kandidat der Theologischen Schule Elberfeld. Es war für den Neffen von Karl Immer eine Selbstverständlichkeit, sich quasi assistierend an jenem Unternehmen der Barmer Bekenntnissynode zu beteiligen, indem er – nach eigener Aussage – „manche

Dienste und Botengänge" für sie verrichtete. Allerdings trat Herlyn in der Folgezeit nie an exponierter Stelle innerhalb der Bekennenden Kirche auf.

Im Mai 1940 wird Herlyn einberufen. Er nimmt am Russland-Feldzug als Funker in einem Armee-Nachrichten-Regiment teil. Nach Kriegsende 1945 ist er noch ein Jahr in russischer Kriegsgefangenschaft. Danach kehrt er als Pastor in seine Gemeinde in Ihrenerfeld zurück. Auch den Schriftleiter-Posten des Sonntagsblattes für ev.-ref. Gemeinden, der ihm 1938 übertragen worden war, behält er bei. In einem Beitrag zum Jahreswechsel 1946/47 bekennt er: „Man kann's ja mit Händen greifen, was die Übertretung etwa des Gebotes ‚Du sollst nicht töten' für eine Not über uns gebracht hat. Gewiss, die Kirche hat ein Schuldbekenntnis gesprochen – aber wer macht es sich zu eigen und betet und bekennt mit: m e i n e Schuld, meine übergroße Schuld." Und im Mai 1947 stellt er im gleichen Blatt fest: „Wir haben immer wieder nicht auf Jesus Christus und sein Wort gehört, sondern auf Menschenmeinungen. Wir haben uns nicht nach der Wahrheit gerichtet, sondern lieber Propaganda getrieben! Wir haben nicht nach der Wahrheit gefragt, sondern lieber nach dem Broterwerb geschielt und an unsere Existenz gedacht. Wir haben geschwiegen, wo wir hätten reden müssen, wir haben gehandelt, wo wir hätten um Gottes willen ungehorsam sein müssen, (...)" Im „Sonntagsblatt" 45/1978 schließlich gesteht Herlyn in seinem Beitrag „Reichkristallnacht 1938", dass er zu jener Reichspogromnacht nichts gesagt und dabei zu denen gehört habe, „die besser wussten und besser wissen mussten, die dabeistanden und wegschauten und schwiegen".

Und Herlyn hatte offensichtlich Lehren gezogen aus seiner früheren Sympathie mit Hitlers Außen- und Kriegspolitik: Er wirkte nach dem Krieg in den „Kirchlichen Bruderschaften" mit, die sich gegen die Atom- und Wiederbewaffnung aussprachen und die Wehrdienstverweigerung unterstützten. Weil ihm

„Versöhnung" ein zentrales Anliegen war, setzte er sich später auch für die Ostpolitik Willy Brandts ein.

Trotz alledem geht Sternsdorff in seiner Untersuchung mit Herlyn scharf ins Gericht, indem er konstatiert: „So wertvoll sein Wirken nach 1945 war und bleibt, er vermied alles, was seinen Weg als Weg der persönlichen Umkehr erkennen ließ. Die zeitgeschichtlich gegebene Alternative war für ihn wie für die Kirche im Dritten Reich die Fundamental-Entscheidung: Christus *oder* Hitler, Kreuz *oder* Hakenkreuz. Auch er machte sich vor, dass er doch *beides* haben konnte und verfehlte den Kreuz-Weg, blieb *zwischen* Kreuz und Hakenkreuz hängen." Und er beklagt: „Herlyn hätte seinen Nachkommen und uns Nachlebenden noch so unendlich mehr helfen können, wenn er die Stärke gehabt hätte zu einem Bekenntnis als früherer Hitlerist und journalistischer Unterstützer des deutschen Vernichtungskrieges und der deutschen Katastrophe, konkret und individuell, und so sein zweites mit seinem ersten Leben selbst verknüpft hätte."

Wahr ist, dass Herlyn lange Zeit die Dämonie Hitlers und seine propagandistischen Lügen- und Ablenkungsmanöver nicht durchschaut hat. Er hat sich blenden lassen und sich in so mancher Beurteilung verhängnisvoll geirrt. Er hat sich in jener Zeit an verschiedenen Stellen bewährt, in anderen Fällen hat er gefehlt und versagt. Doch er hat auch Schuld und Versagen bekannt und Veränderungen in seinem Leben zugelassen. Sicherlich wäre eine deutlichere Konkretisierung seiner Fehlwege hilfreich und wünschenswert gewesen. Auf der anderen Seite stellt sich aber auch die Frage: was alles muss im Einzelnen öffentlich bekannt werden (und wie oft), und was gehört in die persönliche Beichte vor einem Seelsorger bzw. vor Gott? [2]

Als Herlyn 1976 in Leer in den Ruhestand verabschiedet wurde – er war 1952 an die „Große Reformierte Kirche" dieser

Stadt gewechselt – da kennzeichnete ihn der damalige Kirchenälteste unter anderem als „Gemeindepastor, Seelsorger, Prediger, Freund und Helfer der Notleidenden und Hilfsbedürftigen, als Mann der Diakonie, als Wegbereiter der Ökumene (…) und besonders als Förderer des Plattdeutschen". Diese positive Beschreibung Herlyns, sie gilt trotz seiner nun bekanntgewordenen Irrwege im Dritten Reich gleichwohl immer noch.

[1] Das kommt auch deutlich zum Ausdruck in folgender Passage aus einem Beitrag, den Wilmjakob Herlyn für die Herlynsche Familienchronik verfasst hat, und in dem es u. a. heißt: „Wann immer möglich, macht (mein Vater) Besuche in den Altenheimen und Krankenhäusern in und um Leer. Oft zitiert er die Textstelle aus der Bibel, in der Jesus sagte: *Was ihr den Ärmsten und Schwächsten unter meinen Brüdern getan, das habt ihr mir getan.*" – Meine Eltern lassen öfters ,Fahrensleute' ins Pfarrhaus herein, verschaffen ihnen kleine Jobs, geben ihnen zu essen und zu trinken oder auch etwas Geld. Wenn die ganz kalte Jahreszeit beginnt, kommt regelmäßig ,Onkel Oskar', der bei uns den Winter über wohnt. (…) Unser Pfarrhaus ist im wahrsten Sinn des Wortes ein Haus der offenen Tür. Viele können sich noch gut daran erinnern, dass der Schlüssel in der Ulrichstraße nicht innen – wie sonst üblich –, sondern außen im Schloss steckte. Dadurch kommt es häufiger vor, dass ,wildfremde' Menschen im Hausflur stehen und keine Seele antreffen: ,Pestoors' haben gerade was zu erledigen und sind nicht zuhause, kurz einkaufen, bei Nachbarn oder im Garten."

[2] In einer Mail vom 19.12.2020 teilte Wilmjakob Herlyn dem Autor mit, dass seinem Vater „ für die Verarbeitung der Kriegserlebnisse und seiner eigener Einstellung zu Hitler das ,Stuttgarter Schuldbekenntnis' sehr wichtig" gewesen sei. Weiter schreibt er: „Die Frage der persönlichen Schuld hat ihn sein ganzes Leben umgetrieben und war immer wieder Teil seiner Predigten und seiner seelsorgerischen Arbeit in den Krankenhäusern und Altenheimen vor Ort, aber auch in der Diakonie, für die er lange Zeit an führender Stelle gearbeitet hat." Gleichwohl hat auch Wilmjakob Herlyn es sehr bedauert, dass sein Vater nicht die Kraft, den Mut und die Stärke gehabt hatte, seine Irrungen und Fehleinschätzungen während der Nazizeit konkret zu benennen und darüber zu berichten.

# Literatur- und Quellennachweis:

Gerrit Herlyn: Hinter Gottes Angesicht? Erfahrungen mit Gott in Russland, Weener 1986 (5. Aufl.)

Gerrit Herlyn: Matthias Claudius - Ein Zeuge des Lebens, Weener 1989

Gerrit Herlyn: Pestorenbuutjes. Gerrit Herlyn vertellt ut sein Kinnertied, Weener 1988 (2. Aufl.)

Gerrit Herlyn: Unnerwegens van Lüttje Millm na Groothusen, Weener 1978

Gerrit Herlyn: Ostfriesland - Wo Himmel und Erde sich berühren, Weener 1989

Gerrit Herlyn: Die Schuld einer Generation. In: Sonntagsblatt für evangelisch-reformierte Gemeinden, Nr. 33 (13.8.1978)

Gerrit Herlyn: Kristallnacht 1938. In: Sonntagsblatt für evangelisch-reformierte Gemeinden, Nr. 45 (5.11.1978)

Gerrit Herlyn: Zum Gedenken an Karl Immer. In: Sonntagsblatt für evangelisch-reformierte Gemeinden, Nr. 9/1984, 10/1984 u. 11/1984)

Ewald Christophers: „Van Lüttje Millm na Groothusen". Ein persönlicher Nachruf auf Pastor i. R. Gerrit Herlyn. In: Ostfriesland Magazin 11/1992, S. 9

Johannes Diekhoff: Denken und Dank an Gerrit Herlyn (1909-1992) aus Anlass seines 100. Geburtstages. In: OZ-Beilage Unser Ostfriesland 2009, Nr. 20

Walter Eberlei: Barmer Synode 1934: Als der Kampf gegen die Nazis begann...; sowie EZ-Gespräch mit Pastor Gerrit Herlyn: Ein Augenzeuge erinnert sich. In: Emder Zeitung – Wochenmagazin vom 2.6.1984, S. 6

Wilmjakob Herlyn: Der Menschenfreund. In: Ostfriesland Magazin 1/2010, S. 58f

Matthias Hilbert: Gerrit Herlyn im Dritten Reich. In: Unser Ostfriesland Nr. 20/2015 (Beilage OZ)

Matthias Hilbert: Gerrit Herlyn – Plattdeutscher Prediger und Bibelübersetzer. In: Ostfreesland. Kalender für Ostfriesland 2017, S. 168-172

Josef Kaufhold: „Even anduken". Pastor Herlyn zum 80. Geburtstag. In: Ostfriesland Journal, 8/1989, S. 60f

Anton Lüpkes: Ein geglücktes Wagnis. Gerrit Herlyn: „Dat Neei Testament in ostfreeske Taal". In: Ostfriesland - Zeitschrift für Kultur, Wirtschaft und Verkehr, 4/1984, S. 6ff

Jürgen Sternsdorff: Gerrit Herlyn zwischen Kreuz und Hakenkreuz, Marburg 2015

Wilhelm Wübbema: Herlyn, Gerrit Johannes. In: Biographisches Lexikon für Ostfriesland (hrsg. von Martin Tielke), Aurich 1997

# Remmer Janßen – Pastorenoriginal mit Tiefen- und Breitenwirkung

*Eine Erweckung wird vorausgesagt*

Es geschah während der Amtszeit (1805-1852) des Pfarrers Willrath in der ostfriesischen Landgemeinde Strackholt. Der Sommer ist in jenem Jahr so heiß und trocken wie selten. Auf den verbrannten Weiden brüllt das Vieh vor Durst und Hunger. Die Erde ist rissig und pulvertrocken. Das Getreide will unter der sengenden Sonne nicht wachsen. Willrath bittet einen Amtsbruder, in der Strackholter Kirche eine Bußpredigt zu halten. Dieser fühlt sich nach Beendigung seiner Predigt gedrungen, vor der Gemeinde niederzuknien und ein ergreifendes, glaubensstarkes Bittgebet um Regen an Gott zu richten. Auch die Gottesdienstbesucher sprechen das Gebet mit.

Und das Wunder geschieht. In der folgenden Nacht prasselt nur so der Regen auf das ausgedorrte Land. Willrath bekommt mit, wie der Gastprediger auf seinem Zimmer laut die Worte spricht: „Herr, nun sendest du einen gnädigen Regen und erquickst das Erdreich, das durstig ist!" Am Morgen lässt der Ortspfarrer seinen Gast tief bewegt wissen: „Du hast mir heute Nacht nicht nur den Text für meine nächste Predigt in den Mund gelegt, sondern auch eine Vision ausgelöst, die mein Herz sich froh erregen lässt!"

Im nächsten Gottesdienst spricht Willrath dann zu der ihm atemlos zuhörenden Gemeinde die Gewissheit aus: „… welch ein erschütterndes Erlebnis! So wird dereinst auch über Strackholt der erquickende Wolkenbruch einer Erweckung niedergehen, hundertfach mehr Regen weckend als dieser Regen. Jene Erweckung wird wie ein Sturmwind durch die Gemeinde fahren, der Menschen niederreißt und lange Verschüttetes freilegt. Und folgen wird der stillere Mahnruf gleich einem sanften beständigen Säuseln. Das empfinde ich im Geiste!" Und tatsächlich sollte es Jahre später unter dem jungen, dynamischen Gemeindepastor Remmer Janßen zu der vorhergesagten Erweckung in Strackholt und Umgebung kommen. Diese war so tiefgreifend und nachhaltig, dass der frühere ostfriesische Regierungs- und Landschaftspräsident Jann Berghaus kurz vor seinem eigenen Tod im Jahr 1954 urteilte: „Remmer Janßen hat vor einem halben Jahrhundert unserem Ostfriesland sein Gepräge gegeben."

## Remmer Janßens Kindheit und Schulzeit

Am 6.11.1850 wurde Remmer Janßen in dem kleinen ostfriesischen Marschdorf Werdumer Altendeich (im Harlingerland gelegen) geboren. Sein Vater war ein angesehener, wohlhabender Bauer. Er schickte den begabten Sohn auf das Gymnasium Ulricianum in der Kreisstadt Aurich. Unter seinen Kameraden war Remmer aufgrund seines Geschicks im Klootschießen (ein beliebter Volkssport in Ostfriesland), seines Draufgängertums, seiner Trinkfestigkeit, aber auch wegen seiner Zuverlässigkeit allseits beliebt. Nachdem er die Schule vorübergehend verlassen hatte – wohl aus disziplinarischen Gründen –, ermöglichte ihm Wilhelm Reuter einen Neuanfang. Dieser Lehrer und spätere Rektor des Ulricanum – er war Theologe und Philologe und der Großvater des späteren Berliner Bürgermeisters Ernst Reuter – hatte Remmer Janßen nicht aufgegeben. Er gewann das Vertrauen des Jugendlichen und wurde dem Rückkehrer so etwas wie ein geistiger und geistlicher Vater. („Der diensteifrige Rektor zog mich langsam zu sich hin, sodass ich nach und nach zu der Überzeugung kam, dass er es gut mit mir meinte.")

In der von Günther Maske und Johannes Mindermann herausgegebenen Biografie zu Remmer Janßen ist zu lesen: „Gewiss ist, dass (...) Reuter sein junges und ungläubiges, aber empfängliches Herz wie eine Fackel in Brand setzte und ihm zeigte, woran er krankte und wo es zu suchen gelte, um zu finden." Und so kam es, dass der junge Mann sein Leben vorbehaltslos Gott auslieferte, sich bekehrte. „Gott hat mich aus einem Satanskind zu einem Gotteskind gemacht", so drückte es Janßen einmal im Rückblick aus. Die Bekehrung blieb auch seinen Mitschülern nicht verborgen. Einer schrieb später: „In meiner Auricher Zeit war mir Janßen Vorbild (...) Er schämte sich des Evangeliums von Christus nicht, auch als ein Lehrer anders dachte. Gegen denselben trat der Primaner Janßen mutig auf. Das haben ihm alle seine Mitschüler zutiefst gedankt." Und ein anderer ehemaliger Schulkamerad meinte: „Wer irgendeinen Kummer hatte, brauchte sich nur an Janßen zu wenden, und er fand Ruhe."

„Anteil" an Remmer Janßens religiöser Erweckung und weiteren geistlichen Entwicklung hatte neben Wilhelm Reuter wohl auch der in Ostfriesland wirkende Methodistenprediger Franz Klüsner (siehe Kapitel: Franz Klüsner – der „methodistische Friesenapostel"). Jedenfalls ließ es sich der Bauernsohn nicht nehmen, an den Sonntagen  nach Westerholt zu wandern. Hier predigte Klüsner in einer billigen Bretterscheune, die zu der Zeit den Methodisten dort als Versammlungsort diente. Die Predigten dieses Gottesmannes ergriffen in ihrer Eindringlichkeit die Herzen seiner Zuhörer und waren so recht nach dem Geschmack des jungen Janßen. Er sollte Klüsner in lebenslanger Freundschaft verbunden bleiben.

### Studien- und Vikarszeit

Nach dem Abitur zog es Remmer Janßen unwiderstehlich in den Pastorendienst. Doch er musste zäh darum kämpfen, bis er seinem Vater die Erlaubnis zum Theologiestudium abringen konnte. Zunächst studierte er an der Theologischen Fakultät der Universität in Leipzig, um anschließend sein Studium an der Göttinger Universität fortzusetzen. Hier lehrte der liberale

Theologe Albrecht Ritschl. Da sich Janßen über dessen theologische Ansichten zutiefst empörte – Ritschl verneinte u. a. die stellvertretende Bedeutung des Heilstodes Christi und die biblischen Wunderberichte –, suchte er kurzerhand den Professor in seiner Wohnung auf und bat ihn um Rückgabe des Kolleggeldes. Der war über das Verhalten des Studenten empört, gab ihm aber das Geld zurück. In seinem letzten Studienjahr schrieb Janßen an den ostfriesischen Pastor Linnemann, dem er sich wohl hin und wieder anvertraute: „Soll ich nun ein Gesamturteil über meinen jetzigen Studienstand aussprechen, so muss ich sagen, dass es mir große Freude macht, soweit es sich wirklich auf die Erkenntnis der Wahrheit und des Lebens bezieht, aber dass es mir langweilig und unerträglich wird, wenn es in die schwankende Kritik und lebensleere Schulweisheit übergeht. Da nun die letztere Art des Studiums an der hiesigen Universität fast nur Nahrung findet, so werden Sie begreifen können, dass ich mich unend-lich freue, dass ich Ostern meine Studien an der Göttinger Universität beschließen kann. (…) Auch glaube ich, dass nach dem Examen das eigentliche und schwerste Examen erst beginnt, ich meine das Examen in der Ausführung des Dienstes am Wort."

Remmer Janßen war 26 Jahre alt, als er sein erstes theo-logisches Examen ablegte. In seiner Personalakte wurde vermerkt: „Er macht durch seine Bescheidenheit und Gedie-genheit einen recht günstigen Eindruck. In seiner Predigt besonders zeigt er eine zu erfreulichen Hoffnungen berechti-gende Art." Nach dem Examen wurde er dem Superinten-denten Schatteburg in Nesse, Kreis Norden, als Hilfsprediger zugeteilt. Voll Eifer machte sich Janßen an die Arbeit. Ganz besonders liebte er es zu predigen. Dabei nahm er kein Blatt vor dem Mund. Seine Predigten waren derart unverblümt und geharnischt, dass es sogar dem Superintendenten zu viel wurde und er sich darüber heftig mokierte. Aber die Leute ließen sich's gern gefallen. Sogar bislang unkirchlich eingestellte Menschen kamen nun zu den Gottesdiensten des jungen feurigen Predigers. („Um sük mal wär utschellen to laten." – „Um sich einmal wieder ausschelten zu lassen.") Der Kirchenbesuch stieg immer weiter an, sodass sich oftmals die Kirche bis auf den letzten Platz füllte.

Auch nach Strackholt drang der Ruf des charismatischen Pastorenanwärters. Hier war die Stelle des Gemeindehirten neu zu besetzen. Zwar hatten schon Bewerber sich vorgestellt und „Wahlpredigten" gehalten, doch die Gemeinde konnte sich einfach für keinen entscheiden, zumal immer mehr Stimmen laut wurden, es doch mit dem jungen Prediger aus Nesse zu versuchen. Doch der war noch nicht wählbar, da er das zweite theologische Examen noch nicht abgelegt hatte. Daher beschlossen die Gemeindemitglieder, im Falle Janßens so lange mit der Wahl zu warten, bis der seine Kandidatenzeit beendet habe. Daraufhin wurde vom Konsistorium in Hannover Janßen gestattet, sein zweites Examen vorzuverlegen. So kam es, dass Janßen nach erfolgreich bestandener Prüfung und anschließender (einstimmiger!) Wahl durch die Strackholter Gemeinde 1877 sein Amt als Gemeindepastor antreten konnte. Seine „Überführung" nach Strackholt am Tage seiner Einführung geschah in einem regelrechten Triumphzug: Blankgeschniegelte Pferde in glänzendem Geschirr zogen die imposante Kutsche, mit der er aus dem Wohnort seiner Eltern abgeholt wurde. 25 Reiter stießen in Schirum zu der Kutsche hinzu und trabten ihr mit ihren Pferden in Viererreihen voran. Bei Janßens Ankunft vor der Strackholter Pastorei sangen Schulkinder dann das von ihrem Hauptlehrer verfasste Lied: „Zieh froh herein, du Gottesmann, / zum Heil uns zugesandt, / du, den das Herz schon liebgewann, / eh wir dich ganz gekannt."

Der mit so viel Vorschusslorbeeren Empfangene verrichtete seinen Dienst von Anfang an mit großer Hingabe und unter viel Gebet (und zeitweisem Fasten). An ihm sollte sich das Wort des Kirchenvaters Augustinus bestätigen: „Nur wer selbst brennt, kann andere entzünden." Das Gemeindeleben blühte schon bald in einer außergewöhnlichen Art und Weise auf. Doch wenngleich unter dem neuen Pastor die einst prophezeite Erweckung in Strackholt und Umgebung tatsächlich voll durchbrechen sollte, so hatten doch seine frommen Vorgänger im Amt – Willrath, Schaaf und Köppen – durch ihren treuen Dienst den geistlichen Boden hierfür vorbereitet. So musste bereits 1853 die Kirche durch einen Anbau erweitert werden, da sie für die vielen Gottesdienstbesucher zu klein geworden war. Und nun strömten noch mehr Menschen in das Gotteshaus! Sodass bereits drei Jahre nach Janßens Dienstantritt die Kirche noch einmal vergrößert werden musste und nunmehr die Form einer Kreuzkirche erhielt. An gewöhnlichen Sonntagen lauschten rund 1000 Hörer den markigen Predigten ihres Pastors, und an Festtagen waren es wohl über 1500. Zum Schlussgebet kniete die ganze Gemeinde nieder, was wegen der Menschendichte nicht immer ganz einfach war.

Die Bibelstunden, die am Mittwoch stattfanden, zählten etwa 700 Teilnehmer. An den Sonntagabenden wurden an verschiedenen Stellen Gebetsversammlungen abgehalten. Ein Jungmännerverein entstand sowie mehrere „Nähvereine" für junge (aber auch ältere) Frauen. Und der Gottesdienst wurde nicht nur durch einen Sängerchor, sondern auch durch einen Posaunenchor mit vielen jungen Bläsern belebt. Und was noch wichtiger war: Viele Menschen suchten und fanden in dieser Zeit den Frieden mit Gott, indem sie ihr Leben vor Gott ordneten und es bewusst Jesus Christus unterstellten. Nicht selten hatte Janßen bis in die Nacht hinein seelsorgerliche Aussprachen.

Der junge Pastor erreichte ohne Zweifel die Herzen „der Geestbauern von Strackholt, der Moorbauern von Voßbarg, Zwischenbergen und Fiebing und der Torfschiffer von Spetzerfehn, Auricher Wiesmoor II und Wilhelmsfehn II" (Richard Ahlrichs), die ja alle zu seinem ausgedehnten Gemeindegebiet gehörten. Doch auch von auswärts fanden sich Gäste zu seinen Predigten und Bibelstunden ein, dabei Wind und Wetter und weite Wege nicht scheuend. Janßens Amtsbruder in Großefehn, Happach, pilgerte sogar jeden Mittwochabend mit Teilen seiner Gemeinde zu Janßens Bibelstunden nach Strackholt.

Und auch im Alltag der Menschen waren die Auswirkungen der Erweckung nicht zu übersehen. Wenn etwa die Leute zum Torfstechen ins Moor hinausgingen, konnte man sie die Erweckungslieder singen hören. In den Häusern wurden Hausandacht und Tischgebet gehalten. Die Sonntagsarbeit wurde unterlassen. Und auch der Branntweinverbrauch ging drastisch zurück…

### Kampf gegen den Teufelstrank

In der Tat stellte für den Strackholter Pastor der Alkoholgebrauch bzw. -missbrauch der Leute ein ganz besonderes „Angriffsziel" dar. Hierbei muss man allerdings auch berücksichtigen, dass in jener Zeit das exzessive Alkoholtrinken besonders in Ostfriesland ein großes Problem darstellte. So schrieb etwa Frank Thadeusz im „Spiegel" (2/2018) über die Zeit, „als Ostfriesland dem Schnaps verfiel": „Wie eine Seuche breitete sich im 19. Jahrhundert der Suff an Deutschlands Westküste aus. Reihenweise starben Ostfriesen im Rausch. Die Folgen des Zechertums waren erschreckend. (…) Es war der ‚Gifttrank', das ‚Branntweinelend', wie Zeitgenossen schrieben, das unter den Ostfriesen epidemisch Opfer forderte. Ein ganzer Landstrich verfiel damals dem Alkohol."

(Thadeusz berief sich dabei auf den ostfriesischen Heimatforscher Heinrich Buurman und dessen Buch „Der Schnapsteufel".)

Nach Hans-Jürgen Sträter „bekamen viele Arbeiter und Knechte ihren Lohn nicht vollständig in Geld ausgezahlt, sondern auch in billigem Fusel". Die Trunksucht führte zu viel Leid und Elend in Ehen und Familien und wirkte sich auch auf die allgemeinen sittlichen Zustände negativ aus. Allein im Kirchspiel Strackholt gab es acht Schnapsbrennereien und fünf Gaststätten. Auch Frauen frönten vielfach dem Alkoholgenuss.

Janßen war natürlich bekannt, dass manch eine den „Jannever" (Genever oder Schnaps) gerne in Teetassen trank als sogenannten „kalten Tee". Wenn er dann in eine Stube trat, in der Frauen um eine Teekanne saßen, dann konnte er wohl fragen: „Wat hewt Ji in'n Teepott?", um dann treuherzig zu bitten, dass man ihm doch von dem Tee in eine Tasse einschenken möge. So kam dann heraus, ob in der Kanne Tee pur oder Tee mit Schnaps war. War Letzteres der Fall (oder sogar *nur* Schnaps in der Kanne), so war es dann in der Regel auch der letzte „kalte Tee", den diese Frauen tranken.

Als der Pastor einmal bei einem Besuch drei Frauen antraf, die offensichtlich gerade ihren „kalten Tee" genossen, begrüßte er sie: „Guten Abend, Ihr vier!" Als die Frauen verwirrt entgegneten: „Aber, wir sind doch nur drei!", da ließ er sie unmissverständlich wissen, dass als vierter Gast der Teufel mitten unter ihnen sitze. Und wenn Janßen mitbekam, dass Kinder, vom Kaufmann kommend, mit einer erworbenen Schnapsflasche unter ihrer Schürze nach Hause liefen, dann ließ er sich von ihnen ohne viel Gerede die Flasche aushändigen. Wobei er den Kindern auftrug, ihrem Vater mitzuteilen, dass er – Janßen – diesem gerne das Geld für die Alkoholflasche auszahlen würde, wenn er es sich bei ihm abholen wolle. Doch ist keiner jemals in dieser Angelegenheit zu ihm gekommen...

Es kam auch vor, dass der unerschrockene Pastor die Gaststätten aufsuchte und auf den Tisch der Zecher mit seiner Faust so heftig schlug, dass die Bier- oder Schnapsgläser herunterfielen. Nicht selten ließ er die Leute in seinen Predigten wissen: „Alkohol – Teufelstrank – Höllenwasser!" Als ein Gastwirt aus Voßbarg während einer solchen Predigt tief erschüttert erkannte, welche Schuld er mit seinem Geschäft auf sich geladen hatte, ging er sofort nach dem Gottesdienst in seinen Keller, öffnete den Zapfhahn des Alkoholfasses und ließ den Inhalt auslaufen. Danach gab er seine Wirtschaft auf. Am Ende waren im Kirchengebiet von Strackholt sämtliche Schnapsstokereien (Brennereien) und Branntweinschenken eingegangen. Man kann daraus wohl zu Recht schließen, dass die meisten Gemeindeglieder keinen Alkohol mehr tranken, zumal auch Janßen selbst einmal die Ansicht vertrat, dass er ihnen „den Schnapsteufel ausgetrieben" habe.

## *Drohbotschaft wird zur Frohbotschaft*

Schonungslos nannte Janßen die in der Bibel aufgeführten Sünden (wie etwa Geiz, Neid, schlechte Nachrede, sexuelles Fehlverhalten u. a. m.) bei Namen. Durch diese offene Demaskierung weckte er nicht nur Sündenerkenntnis, sondern konnte er auch ihren zerstörerischen Einflüssen und Auswirkungen gezielter wehren. Da er sich als Hirte der Gemeinde für einen jeden seiner Mitglieder vor Gott verantwortlich fühlte, warnte er eindringlich vor dem Gericht Gottes und der Hölle. Aber er blieb bei seinen Warnungen nicht stehen, sondern wies auch beständig auf die Möglichkeit hin, wie der Sünder Vergebung seiner Schuld erlangen und sein Leben neu werden kann. Daher forderte er immer wieder zu Umkehr und Bekehrung auf. Die Menschen sollten ihre Schuld zu Jesus bringen und ihr Leben ihm übergeben und anvertrauen, um so Gottes befreiende Gnade und Vergebung für Zeit und Ewigkeit zu erleben und in eine lebendige, persönliche Beziehung zu

ihm zu gelangen. Dass bei all dem Jesus und seine Erlö-
sungstat am Kreuz der Grund allen Glaubens und Hoffens ist,
darauf hinzuweisen wurde der Lutheraner Janßen nicht müde.
Und so wurde aus seiner Drohbotschaft letztendlich immer
wieder eine Frohbotschaft. Bereits als Vikar in Nesse hatte er
die Menschen wissen lassen: „Das Wort Sünde besteht aus
fünf Buchstaben und das Wort Gnade ebenfalls." Daraufhin
legte er auf eine Untertasse eine zweite, allerdings umgedreht,
sodass sich ihre Ränder deckten. „Seht", meinte er, „es ist
nichts mehr da, was von der oberen Untertasse nicht bedeckt
ist. So deckt die Gnade der Sünden Menge vollkommen.
Dasselbe kann man mit dem Wort Satan machen. Der Name
JESUS deckt ihn völlig zu." Menschen, die über ihre Sünden
erschraken, ließ er wissen: „Kein Mensch geht durch seine
Sünden verloren, sondern nur durch seine Selbstgerechtig-
keit. Der Mensch denkt von Natur: Ich bin gut. Wenn er nur
erst einsieht, dass er ein Sünder ist und in Reue und Glauben
zu Christus kommt, kann er gerettet werden. Dafür hat Christus sein Blut vergossen. Christus nimmt sich der Sünder an."

Janßen war ein leidenschaftlicher, mitreißender Prediger. Auf
einem Missionsfest in Westerholt haben es die Menschen
einmal erlebt, wie er, als er als zweiter Redner dran war,
geradezu zur Kanzel stürmte, noch bei ihrem Besteigen den
Kanzelsegen sprach und, oben angekommen, dann sogleich
so ernst und gewaltig betete, „dass rauhen Viehhändlern die
Tränen über die Wangen rollten". Anschließend legte er auch
schon mit dem Predigen los.

Wenn Remmer Janßen Gottes Wort verkündigte, wurden die
Hörer nicht müde ihm zuzuhören – auch wenn er oftmals zwei
Stunden sprach. Geradezu gebannt folgten sie seinen Ausführungen. Janßen hatte, so Siegfried Weber, „stets die Ewigkeit
vor Augen und in diesem Blickfeld predigte er auch. Die Bot-
schaften waren lebendig, direkt, bibelfest, textbezogen, plastisch, metaphorisch, authentisch, aufrüttelnd, einladend, volks-

tümlich und in Vollmacht." Jeder, der Janßens Predigten folgte, fühlte sich angesprochen. Er selbst meinte einmal: „Ich predige für die Dummen; wenn die mich verstehen, dann verstehen die Klugen mich mit." Diese Einfachheit seiner Predigten darf jedoch nicht verwechselt werden mit Einfältigkeit.

Denn theologisch war der Strackholter Landpfarrer durchaus auf dem Laufenden. Dabei konnte er aber auch gegenüber modernen Strömungen klare Kante zeigen. Als das Buch „Das Wesen des Christentums" des bekannten Professors Adolf von Harnack wegen seiner Bestreitung der Gottessohnschaft Jesu Furore machte, meinte er einmal drastisch: „Nehmt einen Hund, hackt ihm den Schwanz ab – er bleibt ein Hund. Schneidet ihm die Ohren ab – er bleibt ein Hund. Nehmt ihm aber das Herz aus dem Leibe – so bleibt er nur ein Aas … Das ist ein Evangelium ohne Christus, den Sohn Gottes."

Auch bereitete Janßen seine Predigten immer sorgfältig vor und legte sie komplett schriftlich nieder. Gleichwohl hielt er dann die Verkündigung frei. Der schon erwähnte Jann Berghaus meinte einmal aus eigener Erfahrung: „Pastor Remmer Janßen war als Mensch, Prediger und Seelsorger einzig in seiner Art. Es ihm gleichzutun, schien völlig unmöglich. Ich habe ihn in Weene 1889 über den Gnadenstrom predigen hören. Es dauerte zwei Stunden, und er war zuletzt wie in Schweiß gebadet. Aber selbst wenn er noch eine Stunde gepredigt hätte, meine Aufmerksamkeit wäre nicht erlahmt." Sogar das Konsistorium in Aurich kam nicht umhin festzustellen: „Janßen hat offenbar die Gabe, den einfachsten Worten und Gedanken einen solchen Nachdruck zu verleihen, dass sie die Einwirkung auf Herz und Gemüt nicht verfehlen."

Noch Jahre nach Janßens Tod erinnerten sich die Menschen, dass geradezu „ein Zittern und Beben durch alle Glieder seines Leibes ging", wenn es galt zu warnen. „Oft raste sein heiliger Zorn wie ein Sturm daher, sodass sich die Leute duckten". Andererseits wurde aber auch erlebt: „Oft konnte er aber auch so sonnig predigen, dass Leute fröhlich auflachten, und es konnte sein, dass sie im nächsten Augenblick wieder tieferschüttert waren."

## „He steiht darachter"

Dass Remmer Janßen bei den Menschen „ankam", das hing auch damit zusammen, dass man von ihm mit Fug und Recht sagen konnte: „He steiht darachter." („Er steht dahinter.") Denn das, was er auf der Kanzel sprach und wozu er seine Zuhörer aufforderte, das lebte er auch überzeugend aus. Er war durch und durch authentisch. Die Gemeinde wusste ja: Der Pastor will nur unser Bestes. Und sie spürte nicht nur die große seelsorgerliche Verantwortung, sondern auch die große Liebe, die er für jedes Gemeindeglied empfand. Ein ehemaliger Konfirmand Janßens bezeugte einmal als Erwachsener: „Hör wör nett so wie min Vader." („Er war gerade so wie mein Vater.") Und so sagte man auch über den Gemeindehirten, dass er auf der Kanzel ein Löwe gewesen sei, unter der Kanzel aber ein Lamm. Ein Schiffer meinte sogar: „Nein, nicht ein Lamm, ein Engel."

Bekannt war Remmer Janßen auch für seine Großzügigkeit und Hilfsbereitschaft. Kein Wunder, dass das manchmal für seine Haushälterin Gretje Ottersberg – „Pastors Gretje", wie sie genannt wurde – nicht immer einfach war.* Als eines Tages wieder einmal alle Speck- und Räucherwaren, die gewöhnlich unter der Küchendecke hingen, an Bedürftige weggegeben worden waren, da wurde es „Pastors Gretje" zu bunt. Sie beschwerte sich beim Kirchenvorsteher Jann Habers. Der machte daraufhin einen Rundgang durch die Gemeinde und organisierte von den Bauern für den Pastorenhaushalt Nachschub an Wurst und Fleisch. Dem überraschten Janßen, der sich schon freute, wieder etwas zum Verschenken zu haben, ließ er jedoch unzweideutig wissen: „Herr Pastor, dat is Ihrs nicht, dat gehört Gretje! Wenn Se dorbi gahn, sünd Se en Deew!" („Herr Pastor, das gehört nicht Ihnen, das gehört Gretje! Wenn Sie davon nehmen, dann sind Sie ein Dieb!") Diese Botschaft verstand Janßen.

* Remmer Janßen war Junggeselle geblieben. So konnte er ungeteilt in seinem Dienst aufgehen. Er war sich klar darüber, dass eine Ehe nicht Gottes Weg mit ihm war. Scherzhaft meinte er: „Ich habe so viel zu tun mit meinem alten Adam! Wenn ich jetzt noch eine Eva bekäme, wo sollte ich da wohl bleiben?"

Als der Pastor eines Tages einen schwer an Gicht erkrankten Mann besuchte und feststellen musste, dass der Kranke nur ein schlechtes, unvorteilhaftes Unterbett besaß, fragte er zu Hause Anna Schmidt, seine zweite Haushälterin („Annamöh" genannt) – sie war für Garten und Stall zuständig –, ob nicht noch ein Unterbett zur Verfügung stünde. Da dieses aber für den angesagten Besuch seiner Mutter benötigt wurde, verneinte das Annamöh entschieden. Das hinderte aber Janßen nicht, sein eigenes Unterbett heimlich der Frau des Gichtkranken mitzugeben. Als die Haushälterin nun am nächsten Tag sein Bett machte, bekam sie natürlich mit, dass das Unterbett verschwunden war. Trocken wies Sie den Pastor darauf hin, dass er dann eben auf Stroh schlafen müsse.

Es kam vor, dass Janßen manchmal kein Hemd zum Wechseln mehr hatte, da er alle anderen weggegeben hatte. Einem aus dem Gefängnis entlassenen Mann überließ er einmal seine Sonntagshose. Am darauffolgenden Sonntag blieb ihm dann nichts anderes übrig, als seine Alltagshose zu tragen, und der Schneider Lubinus musste ihm dann in der neuen Woche wieder eine Sonntagshose anfertigen.
Auch mit seinem Geld half der Pastor immer wieder Notleidenden aus. (Was manchmal auch ausgenutzt wurde!) Im Ruhestand bekannte er einmal einem Freund: „Ich wusste

das Datum noch nicht, an dem mein Gehalt kam, da kamen schon Leute, die um Geld baten."

Und auch das war Janßen: Nach einem Hausbesuch bei der alten Tinamöh, der es gesundheitlich und materiell sehr schlecht ging, suchte er einen in der Nachbarschaft wohnenden Bauern auf, der wohl recht wohlhabend, aber auch recht knauserig war. Er appellierte an sein christliches Gewissen und schlug vor, der Armen zwei Zentner Kartoffeln zu bringen. Nachdem er sein „Köppke Tee" ausgetrunken hatte, fiel sein Blick wiederum auf den nahrhaften Deckenbehang in Form von Wurst- und Schinkenwaren. „Wenn ihr die Sache vollständig machen wollt, dann muss die Alte auch eine Seite Speck bekommen", ließ er die Bauernleute wissen. Und eh sich die beiden versahen, hatte sich Janßen auch schon ein Messer genommen, sich auf einen Stuhl gestellt – und ein nicht gerade kleines Stück Speck abgeschnitten. Mit dem „Schatz" eilte er dann flugs durch die Tür hinaus und brachte ihn zu der alten Frau.

Als in der Inflationszeit die Menschen viel Geld verloren, meinte Janßen: „Alle Menschen, die früher Geld hatten, sind jetzt unglücklich, weil sie ihr Geld verloren haben. Wie glücklich bin ich, dass ich alles verschenkt habe, nun brauche ich nicht zu sorgen."

Nicht unerwähnt bleiben soll auch, dass Remmer Janßen im Verlauf seiner Strackholter Zeit insgesamt 31 Waisenkinder bei sich aufgenommen und sie mit Hilfe seiner beiden Haushälterinnen aufgezogen hat. Er war ihnen ein liebevoller „Onkel" und Pflegevater.

Verschiedentlich durfte Remmer Janßen auch ganz konkret Gottes Bewahrung, Führung und Hilfe erleben, wie die folgenden Beispiele demonstrieren:

„Meine Mutter", so berichtete ein Mann Jahre nach Janßens Tod, „lag an Lungenentzündung hoffnungslos darnieder. Mein Vater schickte mich eilends zu Pastor Janßen. Es war Abend, als ich bei ihm ankam. Nachdem ich alles mitgeteilt hatte, fragte Janßen: ‚Wie viel Kinder seid ihr?' ‚Wir sind zehn Geschwister.' ‚Meint der Arzt, es sei lebensgefährlich und wenig Hoffnung auf Genesung?' ‚Ja, der Arzt sagt, sie wird nicht durchkommen.' ‚Nun, mein Junge, jetzt müssen wir auf die Knie, um zu erfahren, was der Herr will.' Nach dem Gebet sagte Janßen: ‚Gott wird deine Mutter wieder gesund machen.' Danach gab er mir Geld für eine Flasche Wein und sagte: ‚Jetzt gehst du nach Hause zurück und morgen früh sagst du mir Bescheid, wie es um deine Mutter steht.' Als ich zurückkam, hatte sich das Fieber gelegt. Es war um die Stunde des Gebets gewesen, dass das Fieber sank, und meine Mutter war nach ein paar Tagen wieder gesund."

Ein anderer Mann erzählte folgendes Erlebnis aus seiner Jugendzeit: „Ich wollte nicht zur Kirche, aber ich musste hin. Es zog mich dorthin, wie ein Magnet. Ich trug mich mit Selbstmordgedanken und hatte den Strick oftmals in der Tasche. (…) In der Predigt rief Janßen: ‚Und wenn Satan vor dir steht und zeigt auf den Strick, hier ist Jesus der Sieger!' Erschüttert ging ich aus der Kirche und fragte: ‚Woher wussten Sie, Herr Pastor, was ich vorhatte?' Janßen entgegnete: ‚Ich habe nichts davon gewusst, aber der Heilige Geist.'"

Zu Janßens Zeit wurde häufig noch mit einem Ochsen gepflügt, wenn sich die Bauern kein Pferd leisten konnten. Da kommt eines Tages ein Bauer zum Pastor und klagt ihm, dass er seinen Ochsen eingebüßt habe. „Meinen Sie, dass ich um einen neuen Ochsen beten darf?", fragt er den Seelsorger. Der bejaht, sofern es im Glauben geschehe. Dann kniet Janßen mit dem Mann nieder und bittet um einen Ochsen. Doch nichts passiert in der Folgezeit. Allerdings ist der Bauer inzwischen in Sorge um sein Seelenheil gekommen. Er kommt nun zu den Gottesdiensten und findet schließlich den Frieden mit Gott. Als Janßen ihn fragt, was inzwischen mit dem Ochsen geworden sei – immerhin war mittlerweile ein halbes Jahr seit dem Verlust des Tieres vergangen – antwortet der Mann: „Ach, darüber bin ich hinweg, das hilft sich schon." Da lädt Janßen den Mann ein, noch einmal Gott um einen Ochsen zu bitten. Mitten im Gebet wird geklopft. Herein tritt ein Geldbriefträger und händigt Janßen 500 Mark aus. In dem Begleitschreiben teilt der Spender mit, dass er in letzter Zeit viele Pferde verkauft und dabei hohe Überschüsse erzielt habe. Davon möchte er nun abgeben, und zwar „an Leute, die Hilfe brauchen". Der Pastor möge das Geld entsprechend unterbringen. Bewegt wendet sich dieser an seinen Besucher und meint: „Sehen Sie, unser Gebet ist erhört. Hier haben Sie das Geld, kaufen Sie den besten Ochsen, den Sie bekommen können." Nach dem Kauf bringt der Mann die übriggebliebenen 200 Mark Janßen zurück. Er solle Sie anderweitig verwenden. Beim Abschied meint der Pastor: „Hier sehen wir, wir haben einen wunderbaren Gott, der sich auch um die Ochsen kümmert, ja, der einen Ochsen benutzen kann, um einen Menschen zu sich zu führen."

In seiner weitverstreuten Gemeinde war Janßen häufig zu Alten- und Krankenbesuchen unterwegs. Manchmal auch des Nachts, wenn er zu Sterbenden gerufen wurde. Oft nahm er eilig Abkürzungen, indem er sich nicht auf den Wegen hielt, sondern querfeldein lief. Dabei musste er oftmals über Wassergräben springen oder Kanäle umgehen. Da konnte es dann schon einmal vorkommen, dass der nachtblinde Pastor plötzlich stehen bleiben musste und ihm eine innere Stimme hinderte weiterzugehen. Dann tastete er vorsichtig den Weg ab und bemerkte, dass er vor einem tiefen Wasser stand.

Einmal verabredeten sich drei Männer, die sich von Janßens Predigt bloßgestellt wähnten, ihm im Dunkeln aufzulauern und zu verprügeln. Schon haben sie bei einer ihnen günstig erscheinenden Gelegenheit ihre Knüppel erhoben, um auf den Pastor einzuschlagen. Der jedoch bleibt unbeweglich auf seinem Platz stehen. Da lassen die Verschwörer ihre Arme sinken, treten stumm zur Seite und geben den Weg frei. Anderentags suchen sie Janßen in seiner Studierstube auf und stammeln ihre Entschuldigung. Dann fragen sie, was das für ein Licht gewesen sei, das an dem Abend um ihn herum gestrahlt habe. Das habe sie so erschreckt und ernüchtert, dass sie von ihrem Vorhaben gelassen hätten. Für den verwunderten Janßen war klar, dass er Engelhilfe erfahren hatte. Die drei Männer zählten fortan zu seinen Freunden.

## Nachlassen der Erweckung?

Um das Jahr 1890 herum schien die Erweckung nachzulassen bzw. zum Stillstand zu kommen. Darüber reflektierend, schrieb Janßen: „Wenn ich den gegenwärtigen kirchlich-sittlichen Zustand der Gemeinde mit dem von vor acht oder zehn Jahren vergleiche, so will mir scheinen, als wenn meine Gemeinde aus dem Munde des Heilandes (…) das Wort hören müsste: ‚Ich bin wider dich, dass du die erste Liebe verlässest.‘ Doch eine längere und tiefere Beobachtung und Überlegung lässt mich jetzt ein anderes Urteil fällen. Es ist wahr, dass das kirchliche Leben vor acht bis zehn Jahren reger oder, ich möchte es ausdrücklich sagen, geräuschvoller war als gegenwärtig. Es ist auch wahr, dass einzelne Seelen aus der ersten Liebe gefallen sind, aber doch darf auch gegenwärtig der in der Stille sich entwickelnde Zustand der Gemeinde ein recht befriedigender genannt werden. Vor etwa zehn Jahren war es in hiesiger Gemeinde, wie es in einem Bauernhause ist, wenn die Hausbewohner des Morgens aufstehen, sich ankleiden usw. Dann gibt's Geräusch. Wenn aber später im Laufe des Tages die Leute an die Arbeit gegangen sind, dann wird es still in der Küche, dass man das Tick-Tack der Wanduhr hört und das Brodeln des Kochtopfes. In diesem Gleichnis ist die Stille gewiss ebenso hoch zu werten wie das Geräusch. So ähnlich möchte ich auch die stille Entwicklung meiner Gemeinde beurteilen." Auch vertrat Janßen die Ansicht, dass es besondere Gnadenzeiten gebe. Wer sie nicht versäume, der sei wohl dran.*

* Günther Maske schreibt in „Pastor Remmer Janßens Lebensbild": „Die Erweckung kam um das Jahr 1890 (…) zum Stillstand. Eine Erweckung ist eine Durchgangszeit. Das Ziel ist das stille Hineinwachsen in Christus. So ist es auch ein ganz natürlicher Vorgang gewesen, dass sich die Unruhe der ersten Erweckung in ein stilles und friedvolles Wachstum verwandelte. Die Arbeit des Heiligen Geistes nahm seinen Fortgang. Kamen zuerst Massenbekehrungen, so folgten später Einzelbekehrungen. Das stille Leben der Bekehrten im Gehorsam des Heiligen Geistes aber ging weiter. Strackholt blieb eine ‚Stadt auf dem Berge', die nicht verborgen blieb."

Die Auswirkungen und „Früchte" der Strackholter Erweckung dauerten jedenfalls noch viele Jahre nach Janßens Tod im Jahre 1931 an. So waren beispielsweise 1953 beim 71. Strackholter Missionsfest – wie zu Janßens Zeiten – 3000 Missionsfreunde gekommen. Und noch lange gedachten die Menschen ihres begnadeten Seelsorgers und Verkündigers. Das erfuhr auch der Baptistenprediger Walter Feldkirch bei seinem Gemeindedienst in Südgeorgsfehn, wo seinen Gemeindemitgliedern nicht nur die gesegnete pastorale Tätigkeit von Hans Bruns im benachbarten Hollen noch in lebendiger Erinnerung war (siehe S. 16), sondern eben auch der Strackholter Pastor Remmer Janßen. „Als ich im Jahre 1946", so Feldkirch, „als junger Prediger nach Ostfriesland kam, begegnete ich bei Gesprächen über frühere erweckliche Aufbrüche zum ersten Mal dem Namen *Remmer Janßen*. Besonders die Alten, die damals noch im Hörnstuhl am blank geputzten und mit Torf geheizten Küchenherd saßen, wussten beim Teetrinken – aber erst nach der dritten Tasse – noch aus persönlicher Erinnerung manches zu berichten von dem Pastor aus Strackholt, durch den Gott eine tiefgreifende Erweckung in Ostfriesland schenkte."

## Anfechtungen, Alter und Tod

Natürlich war Janßens Leben nicht nur „eitel Sonnenschein". So gab es immer auch Gemeindeglieder, die sich an der Entschiedenheit und der klaren Botschaft ihres Pastors stießen und ihm ihre Opposition zu spüren gaben. Was diesen natürlich schmerzte.

Doch scheint Remmer Janßen, der so dankbar und fröhlich seinen Glauben lebte, auch so etwas wie depressive Phasen gekannt zu haben. Darauf lässt zumindest das Lied „O wie traurig ist mein Herz" schließen, das er eines Tages gedichtet hat und in dem er in der sechsten Strophe klagt: „Ach, die Schwermut stellt sich ein, ach, ich kann's nicht tragen". Bereits in der Eingangsstrophe heißt es ergreifend: „O wie traurig ist mein Herz, weiß von keiner Freude; ach, wer stillet meinen Schmerz, tröstet mich im Leide. Ach, mein ganzes Herz und Sinn weiß vor Trauer nicht wohin, weiß von keiner Freud, ja, weiß von keiner Freud." Der Schlussvers ist dann ein einziger Schrei nach Jesu Gnade und Hilfe: „Ach, ich rufe, seufz' und fleh: ‚Gnade, Gnade, Gnade. Jesu, mir zur Seite steh, dass kein Feind mir schade.' Ach, nur eins kann trösten mich. Ach, um eins, Herr, bitt ich dich: Gnade, Gnade, Gnade, Jesu, gib mir Gnade!" Später bekannte einmal ein Bauer: „Dies Lied hat mich gestärkt; dass Remmer Janßen so untendurch musste, hat mich in meinen Dunkelheiten zum Durchhalten ermuntert."

Aber auch das Lied „O wie fröhlich ist mein Herz" ist aus Janßens Feder geflossen. Und auch hier seien die erste und die letzte Strophe wiedergegeben:
„O wie fröhlich ist mein Herz, weiß von keinem Leide, schwingt sich auf- und himmelwärts: Jesu, meine Freude! Ja, mein ganzes Herz und Sinn weiß vor Freude nicht wohin, weiß von keinem Leide, weiß von keinem Leide. (…)
Jesus sei der letzte Ton, den wir wollen singen. Geht's durch Spott zur Ehrenkron, es muss uns gelingen. Jesus, Jesus, ganz allein, Jesus, Jesus, soll es sein, Jesus soll es bleiben. Jesus soll es bleiben!"

Mit 70 Jahren trat Remmer Janßen 1921 in den Ruhestand – zum großen Leidwesen der Strackholter Kirchengemeinde. Mittlerweile war diese von einst 2000 auf 4000 Seelen angewachsen, und Janßen schien zu spüren, dass seine Kräfte den Anforderungen nicht mehr gewachsen waren. („Jetzt mit 70 Jahren habe ich noch so viel klaren Verstand, dass ich einsehe, dass ich in den Ruhestand gehen soll. Mit 80 Jahren könnte ich nicht mehr so viel Verstand besitzen.") Er wurde gebeten, wenigstens am Ort wohnen zu bleiben, meinte aber, dass das „nicht gut für den Nachfolger" sei. In seiner Abschiedspredigt führte er unter anderem aus: „In den 44 Jahren meiner Amtswirksamkeit unter euch habe ich niemandem Leid angetan. In Liebe habe ich euch gestraft. Ich habe nicht nur den Stab ‚Sanft', sondern auch den Stab ‚Wehe' gebraucht. Soviel ich weiß, habe ich niemand durch Irrlehre verletzt. Ich habe euch beides gepredigt, Buße und Glauben. (…) Ich bin auch der guten Zuversicht, dass ihr mir das Zeugnis ausstellt, dass ich niemand übervorteilt habe." Viele Tränen sollen während der Predigt von den Gemeindegliedern vergossen worden sein…

Doch so ganz konnte Janßen von seinem pastoralen Dienst nicht lassen. Für drei Jahre übernahm er noch die kleine Pfarrstelle Ochtelbur. Als er gefragt wurde, welchen Lohn er verlange, antwortete er lächelnd mit dem Jesuswort: „Umsonst habt ihr's empfangen, umsonst gebt's." Nach Beendigung seines Dienstes in Ochtelbur, wusste er nicht, wo er nun unterkommen sollte. Da nahm ihn ein Verwandter seiner Haushälterin in seinem Haus in Großefehn auf. Doch schon bald konnte Janßen in ein kleines, bescheidenes Häuschen in Egels (heute zu Aurich gehörig) einziehen. Ehemalige Missionsschüler von ihm, die nun als Pastoren in den USA wirkten, hatten während der in Deutschland herrschenden Inflationszeit beschlossen, ihrem alten Pastor zu helfen und ihm Dollars geschickt. Daraufhin hatte ihm sein Neffe, der Kaufmann Fooke Janßen, jenes Häuschen in Egels erwerben können. Hier verlebte er nun seinen Feierabend.

Janßens Kräfte nahmen zuletzt sichtlich ab. Nach einem Schlaganfall war es ihm nicht mehr möglich, seine geliebten täglichen Sparziergänge zu machen. Kurz vor seinem Tod besuchten ihn zwei Frauen, die ihn unbedingt noch einmal sehen wollten. Sie waren selber noch nicht bekehrt, vergötterten aber den alten Pastor. Der lag sterbenskrank im Bett, das Gesicht zur Wand gekehrt. Leise schlichen sich die beiden an sein Bett heran. Dann flüsterte die eine der anderen zu: „Es wäre doch schade, wenn er sterben müsste." Obwohl schwerhörig, wandte sich der Sterbende um und fuhr die erschreckten Frauen an: „Gute Nacht, ihr Toten, ich gehe zu den Lebendigen!" Daraufhin drehte er sich wieder zur Wand. Doch seine Worte trafen die Frauen in ihr Herz und Gewissen. Sie sollen die ersten gewesen sein, die sich nach Janßens Tod bekehrt haben.

Remmer Janßen starb am 18. Mai 1931. Am Morgen seines Sterbetages hatte er noch das Lied „Morgenglanz der Ewigkeit" gesungen, in dem es unter anderem heißt: „Leucht' uns selbst in jene Welt, / du verklärte Gnadensonne, / führ uns durch dies Tränenfeld / in das Land der süßen Wonne, / da die

Lust, die uns erhöht, / nie vergeht." Unter Tränen meinte die Haushälterin: „Nun singt der Pastor seinen Schwanengesang."

Janßen sollte natürlich auf dem Friedhof in Strackholt begraben werden. An dem Tag der Beerdigung wurde der Leichnam daher von Egels nach Strackholt überführt. An jedem Ort, durch den sich der Trauerzug bewegte, wurden die Glocken geläutet. Nachdem der Trauergottesdienst in der altehrwürdigen Strackholter Kirche stattgefunden hatte, folgte die unübersehbare Trauergemeinde – angeführt von dreißig Pfarrern in Talar – dem Sarg zu Remmer Janßens letzter Ruhestätte. Da der Nachlass des Verstorbenen für den Kauf eines Grabsteins nicht ausreichte, sammelten die Strackholter das hierfür benötigte Geld zusammen und errichteten ihrem geliebten Pastor einen großen Gedenkstein in Form eines Kreuzes. Auf ihm steht folgende von Janßen selbst verfasste Inschrift:

Hier ruhet in geweihter Erde
inmitten seiner teuren Herde,
nachdem er suchte das Verirrte,
der Pastor oder Seelenhirte

Remmer Janssen
geb. 6. Nov. 1850, gest. 30. Mai 1931.

In eignen Augen war er klein;
durch Christi Blut von Sünden rein
hat er auf dieser armen Erde
geweidet seine teure Herde
aus Gnaden vierundvierzig Jahre,
bis ihn zum Grabe trug die Bahre.
Hier ruht sein Leib nun ohn Ungemach
bis an den lieben Jüngsten Tag.

# Special

## Missionsfeste und Missionshaus in Strackholt

Janßen hielt viel von dem Erweckungsprediger Ludwig Harms (1808-1865), der in dem kleinen, in der Lüneburger Heide gelegenen Dorf Hermannsburg ein Missionswerk gegründet hatte, die Hermannsburger Mission. Seit 1851 wurde in dem Ort alljährlich ein großes „Missionsfest" veranstaltet. An diesem Vorbild orientierte sich nun auch Janßen und ließ selbst ab 1882 in seiner Gemeinde jedes Jahr ein Missionsfest durchführe, das von Anfang an auf eine überwältigende Resonanz in der Bevölkerung stieß. In der Regel nahmen mehrere tausend Menschen an dieser populären Veranstaltung teil. Richard Ahlrichs: „Kein kirchliches Fest gab es bei uns, das so beliebt, volkstümlich und stark besucht war wie das Strackholter Missionsfest. Früher legte die Eisenbahn Sonderzüge ein, um die Menschen dorthin zu bringen. Verwandte, Bekannte und Jugendfreunde trafen sich nach langer Zeit hier wieder. Jedes Haus hatte für die Missionsgäste den Tisch gedeckt, in jedem Haus konnte man kostenlos zu Mittag essen, kostenlos und selbstverständlich wurden Tee und Abendbrot gereicht. Der letzte Mittwoch im August war ein Wallfahrtstag nach Strackholt. In der ganzen Umgebung war dieser Tag ein Sonntag, die Schulen hatten frei, und die Bauern arbeiteten nicht auf dem Felde." Remmer Janßen selbst nahm über 100 Gäste – zumeist auswärtige Pastorenkollegen mit ihren Fami-lien – bei sich auf. Und jedesmal ließ er für das Fest eine Kuh aus seinem eigenen Stall schlachten, das sogenannte „Missionsbeest".

Bei der Veranstaltung ging es feierlich und festlich zu. So trugen die Pferde Kränze, und auch die Wagen waren mit Grün und Blumen geschmückt. Aber auch das ganze Dorf war herausgeputzt. Jugendliche hatten schon Tage vorher über die Straßen Ehrenbogen gespannt. Und natürlich war auch die

Kirche dekoriert worden. Doch die konnte natürlich nur einen Teil der Menschenmassen fassen. Daher wurde in einem nahegelegenen kleinen Wald ein großer Platz so angelegt, dass sich hier die vielköpfige Besuchermenge niederlassen konnte: Über die gesamte Fläche waren Stützen in den Boden angebracht, über die dann bei den Missionsfesten Bretter gelegt wurden, sodass für die vielen Menschen Sitzgelegenheiten entstanden. Verschiedene auswärtige Redner – häufig Missionare der Hermannsburger Mission – traten bei dem Missionsfest auf: Vormittags in der Kirche und am Nachmittag im „Hilgen Holt" („Heiliger Hain"). Doch der Höhepunkt waren stets die erwecklich-evangelistisch ausgerichteten Predigten des Strackholter Pastors selbst.

Dieser große Missionsfreund, der selbst auch immer wieder großzügig für die Mission opferte, verstand es geradezu meisterhaft, die Menschen zu Spenden zu motivieren. „Wir hatten die Taschen leer, wenn wir hinausgingen", sagten viele. Es gab sogar Eltern, die ihren Töchtern verboten, mit Goldschmuck zum Missionsfest zu gehen, denn sie befürchteten, dass er in der Kollekte landen würde. Es heißt, dass „in der ganzen Gemeinde Strackholt so gut wie kein Goldschmuck mehr getragen (wurde), und viele goldene Trauringe geopfert wurden, insbesondere für die Heidenmission".

So sehr schlug Janßens Herz für die Mission, dass er sogar eine eigene Missionsgesellschaft und kurz darauf eine Missionsschule gründete. Bereits auf dem Strackholter Missionsfest 1884 hatte er mit anderen Missionsfreunden einen lutherischen Missionsverein für Ostfriesland angedacht. Vor dem im Folgejahr stattfindenden Missionsfest schickte Janßen dann ein „Rundschreiben an die lieben lutherischen Missionsfreunde in Ostfriesland" und stellte den Adressaten das bereits auf dem letzten Missionsfest besprochene Vorhaben vor und lud zur weiteren Beratung nach Strackholt zum bevorstehenden Missionsfest ein. Da es in Ostfriesland bereits eine (überkonfessionelle) Missionsgesellschaft gab – und zwar die seit 1834 bestehende reformiert-lutherische „Ostfriesische Evangelische Missionsgesellschaft" –, sollte der neu zu gründende Lutherische Missionsverband zu jener anderen Vereinigung ausdrücklich keine „Gegenbestrebung", sondern eine „Nebenbestrebung" darstellen. Auch wollte man niemanden zum Übertritt bewegen. „So haben wir", so Janßen, „unsere Missionsgesellschaft gegründet: 1. Um des Herrn Jesu Christi willen, 2. um der armen Heiden willen, 3. um unseres lutherischen Bekenntnisses willen." Um die Jahreswende 1885/86 kam es dann mit dem „Lutherischen Missionsfreund für Ostfriesland" zur Herausgabe eines eigenen, von Janßen redigierten Missionsblattes.

Obwohl Remmer Janßen gute, freundschaftliche Kontakte auch zu Gläubigen anderer Konfessionsbenennung hatte – wie etwa zu dem reformierten Amtskollegen Julius Voget in Holthusen oder, wie oben schon erwähnt, dem Methodistenprediger Franz Klüsner –, so vermochte er die Mission „doch nicht anders, denn als Lutheraner treiben, konnte er doch das Bekenntnis, dem er in Taufe, Konfirmation und Amtseid verpflichtet war und für das die Väter ihr Leben gewagt hatten, nicht einfach beiseiteschieben. (...) Darum war es Pastor Janßen auch nicht möglich, in der schon vorhandenen, jedoch nicht allein aus Lutheranern bestehenden ostfriesischen Missionsgesellschaft aus vollem Herzen mitzuarbeiten. Deshalb sammelte er die lutherischen Missionsfreunde, um mit ihnen im lutherischen Missionsverein für Ostfriesland das Werk des Herrn zu treiben. (...) Er warb für die Mission und wollte mit seinen Anstrengungen in Strackholt für Ostfriesland einen Mittelpunkt in Bezug auf die Heidenmission schaffen: durch Errichtung der Missionsfeste, Herausgabe des Missionsblattes, Gründung des Missionsvereins und Aufbau der Missionsschule. Dabei lehnte er sich aus drei Gründen an die Hermannsburger Mission an: wegen des lutherischen Charakters derselben, wegen ihrer heimatlichen Beziehung

(Bauernmission) und wegen ihres pietistischen Einschlags."
(Friedrich Hinrichsen-Mohr) Daher verwundert es nicht, dass
dann auch der „Lutherische Missionsverein für Ostfriesland"
später zwei Missionsstationen der Hermannsburger Mission in
Eigenregie übernahm.

Remmer Janßen hoffte und wünschte, dass auch junge
Männer aus Ostfriesland sich bereit erklärten, in die Mission zu
gehen. Dabei richtete sich sein Blick nicht nur auf die Nicht-
christen in fernen Ländern, sondern auch auf die seelsorger-
lich un(ter)versorgten ostfriesischen Auswandererfamilien in
Amerika. Der deutsche Pastor Wyneken war damals eigens
aus den USA nach Deutschland gekommen, um auf die
geistliche Notlage der Auswanderergemeinden hinzuweisen.
Er wurde auch vom Konsistorium in Hannover angehört – aber
wer ganz praktisch gehandelt hat, das war Remmer Janßen.

Der ostfriesische Pastor ließ in Strackholt mit Hilfe von Spenden seiner ostfriesischen Missionsfreunde ein Missionshaus
errichten. Hier sollten junge Männer der Region auf ihre
missionarischen bzw. pastoralen Auslandseinsätze vorbereitet
werden. Sie sollten in der Missions(vor)schule eine dreijährige
Vorbildung erhalten und nach deren Abschluss dann zum
Missionsseminar in Hermannsburg oder dem Predigerseminar
in Dubuque (Iowa) zur weiteren, abschließenden Ausbildung
überwiesen werden oder aber Dienste in der Inneren Mission
übernehmen.

Nach Jürgen Hoogstraat, hatten die oftmals von tiefer Gläubig-
keit geprägten ostfriesischen Auswanderer ihren Glauben zwar
in die Neue Welt verpflanzt. Doch in den riesigen Weiten des
Landes, wo die Dörfer nur aus einer Ansammlung weit ent-
fernter Einzelhöfe bestanden, waren sie von den Geistlichen
nur mit dem Pferd erreichbar. Auch wurde händeringend nach
Pastoren gesucht, gab es doch in den Neugründungen viel zu
wenige von ihnen. Dieses Problem hatte Janßen erkannt und

bei der Ausbildung junger Männer zu Pastoren für Amerika nach Meinung Hoogstraats eine herausragende Rolle eingenommen. Er habe eine „unsichtbare Brücke des Glaubens" zwischen Ostfriesland und den ostfriesischen Neugründungen geschlagen. Sogar seine Missionsfeste seien in Amerika kopiert worden.

Nachdem Janßen der lutherischen Kirchensynode in Iowa Kandidaten angeboten hatte, antwortete ihm Professor Fritschel von der Iowa-Synode, dass es „der Herr selbst gewesen sei, der uns zueinander geführt hat". Denn als der Brief des Strackholters an die Synode angekommen sei, um den Dienst seiner Missionsschüler in den Staaten anzubieten, sei gerade ein Brief an Janßen mit der Bitte um Mitarbeit unterwegs gewesen. Darin sehe man einen Wink des Herrn. Der Brief endete: „Wir schlagen freudig und voll herzlichen Vertrauens ein. Jesus segne unsern Bund."

Das Strackholter Missionshaus selbst war nach knapp zweijähriger Bauzeit im Frühjahr 1888 fertiggestellt worden. Doch die erhofften Schüler blieben im ersten Jahr aus. Erst Pfingsten 1889 konnte die feierliche Einweihung mit zunächst fünf „Zöglingen" stattfinden. Als Lehrer unterrichteten an der Schule junge „Kandidaten der Theologie" (cand. theol.). Die Missionsschulaspiranten selbst wurden nach einer Prüfung durch Janßen und andere Amtsbrüder aufgenommen. Der Lehrplan war durchaus ambitioniert und breit gefächert. Er „hat sich", führt Hinrichsen-Mohr aus, „später immer an den Lehrplan für das sogenannte Aspirantenjahr in Hermannsburg orientiert. Danach wurde unterrichtet in den Fächern Bibelkunde, Katechismus, Kirchenlied, Deutsch, Griechisch, Geschichte, Geographie, Rechnen bzw. Geometrie mit Zeichnen und Musik. Täglich zwei Stunden körperliche Arbeit war auch vorgesehen." Bis zum Ausbruch des Ersten Weltkrieges 1914 wurden 96 junge Männer in der Strackholter Missionsschule aus- bzw. vorgebildet. Von ihnen traten 29 in die Innere

Mission, 28 gingen zur weiteren Ausbildung nach Hermannsburg und weitere 39 zur Weiterbildung an das lutherische
Seminar der Iowa-Synode in Dubuque.

Der Schulbetrieb des Strackholter Missionshauses wurde nach
dem Krieg nicht wieder aufgenommen. Das Gebäude wurde
bis Anfang 1950 vermietet und dann an die Gemeinde Strackholt verkauft. Mit dem Erlös ließ man auf einem Nachbargrund-
stück ein kleines Haus errichten, das für einen von der
Hermannsburger Mission gestellten Volksmissionar bewohnt
wurde. Das ehemalige Missionshaus selbst steht schon lange
nicht mehr. An seinem Ort wurde die Strackholter Schule
errichtet.

### Literatur- und Quellennachweis:

Richard Ahlrichs: Pastor Remmer Janssen, Begründer des Strackholter Missionsfestes. In: OZ
v. 14.8.1965
Gerrit Alberts: Friesisch herb und Gott geweiht. Aus dem Leben des Erweckungspredigers
Remmer Janßen (clv-server.de/pdf/fut/403/04.pdf; Zugriff: 7.8.19)
Ernst Decker: Remmer Janßen. In: Arno Pagel (Hrsg.): Er bricht die Bahn. Marburg 1979, S.
82-90
Walter Feldkirch: Pastor Remmer Janssen. In: Die Gemeinde 19/1979-26/1979 (achtteilige
Serie)
Friedrich H. Hinrichsen-Mohr: Pastor Remmer Janßen und die Mission in Ostfriesland. In:
Ostfreesland Kalender 1989, S. 117-123
Jürgen Hoogstraat: Remmer Janßen (auf der homepage der Ostfriesischen Landschaft bzw.
in: BLO IV, Aurich 2007, S. 234-236)
Günther Maske/Johannes Mindermann: Vom Geheimnis Christi. 1. Teil: Pastor Remmer
Janßens Lebensbild; 2. Teil: „Schwarzbrot Gottes". 62 Betrachtungen Janßens mit Liedern
und Gebeten. Lemgo 1973 (1. Teil: 7. Aufl.; 2. Teil: 3. Aufl.)
Edgar Sager: Von Ostfriesland nach Amerika (Bericht über den gleichlautenden Vortrag von
Jürgen Hoogstraat vom 1.2.19: https://kulturverein-grossefehn.de/index.php/nachlese/130-
von-ostfriesland-nach-amerika; Zugriff 7.8.19)
Hans-Jürgen Sträter: Großefehner Glaubensfeuer. Kleine Kirchengeschichte aus dem Herzen
Ostfrieslands. Wiesmoor 2019
Frank Thadeusz: Historische „Branntweinpest". Als Ostfriesland dem Schnaps verfiel (htpps://
www.spiegel.de/vor-170-jahren-grassierte-in-ostfriesland-die-branntweinpest;       bzw.      Der
Spiegel 2/2018, unter der Überschrift: „Mit Koth beworfen")
Siegfried F. Weber: Pastor Remmer Janßen: Friesisch herb und herzlich lieb. Der
Erweckungsprediger                         in                         Ostfriesland
(https://www.siegfried-f-weber.de/R.Janßen.Erweckungsprediger; Zugriff 7.8.19)
Wk: „In eigenen Augen war er klein". Vor 50 Jahren starb Pastor Remmer Janssen. (In:
Friesische Heimat 6/1981 – Beilage zum Anzeiger für Harlingerland v. 1.7.1981)

# Franz Klüsner – der „methodistische Friesenapostel"

Die Entstehung der Evangelisch-Methodistischen Kirche geht auf den Engländer John Wesley (1703-1791) zurück. Obwohl ordinierter Geistlicher der Anglikanischen Kirche, vermisste er schmerzhaft in seinem Herzen den Frieden mit Gott und die Gewissheit seines Seelenheils. Er tritt daher 1728 einer von seinem jüngeren Bruder Charles gegründeten christlichen Studentengruppe bei und übernimmt schon bald deren Leitung. Die jungen Männer sind bemüht, durch Einhaltung ganz bestimmter Regeln ein Gott wohlgefälliges Leben zu führen. Deshalb werden sie von anderen als „Methodisten" verspottet. Ausgerechnet dieser Name sollte sich in der Folgezeit als Bezeichnung für die Mitglieder einer ganz neuen Glaubensbewegung durchsetzen.

Doch auch durch die gewissenhafte Befolgung der im Prinzip guten Grundsätze gelangte John Wesley nicht zur Heils- und Glaubensgewissheit. Diese trat erst ein durch eine persönliche geistliche Erfahrung, die der inzwischen 34-Jährige am 24. Mai 1738 in London in einer von ihm besuchten Zusammenkunft einer kleinen frommen Gemeinschaft machte, in der gerade Luthers Vorrede zum Römerbrief vorgelesen wurde. „Ungefähr ein Viertel vor neun", so berichtet Wesley später, „als man eben die Veränderung schilderte, die Gottes Kraft durch den Glauben an Jesus in den Menschen bewirkt, fühlte ich mein Herz auf besondere Weise erwärmt; ich fühlte, dass ich mein Vertrauen einzig auf Christus setzte. Ich hatte die Gewissheit, dass er alle meine Sünden von mir genommen und mich vom Gesetz der Sünde und des Todes erlöst habe." An diesem Abend wurde für Wesley „sein theologisches Wissen über die Rechtfertigung in Christus nun zur existenziellen Erfahrung" (Werner Raupp).

Nach diesem Erlebnis entsteht in Wesley ein großer Missions-eifer. Er ist überzeugt, dass jeder Mensch, auch ein Kirchenmitglied, eine bewusste Glaubensentscheidung für Christus zu treffen habe, verbunden mit der Bereitschaft zu einem Leben in der „Heiligung", d. h. gemäß biblischer, geistlicher Prinzipien. Diese gelebte Jesusnachfolge sollte sich aber auch ganz praktisch in Taten der Liebe realisieren.

Mit dieser Botschaft findet man nun Wesley, unermüdlich auf seinem Pferd reitend, von einem Versammlungsort zum anderen eilen. Er predigt bis zu fünfmal täglich. Da ihm meistens verboten wird, seine Ansprachen in Kirchen zu halten, weicht er aus auf Säle oder Werkhallen. Oftmals predigt er aber auch im Freien, zum Beispiel auf den Schlackenhügeln von Kohlebergwerken. In diesen Massenversammlungen gewinnt er das Interesse auch der Menschen, die sich der Kirche bereits entfremdet haben, wie etwa die ausgebeuteten, verelendeten Berg- oder Fabrikarbeiter. Immerhin befinden wir uns in den Anfängen der Ersten Industriellen Revolution. Wesleys Zuhörer fühlen sich von seinen Predigten persönlich berührt und angesprochen. Vor ihnen steht ein Geistlicher, der nicht über ihre Köpfe hinweg redet. Auch (be)merken sie, dass ihm soziale Fragen und Nöte nicht gleichgültig sind. Und sie spüren: hier predigt ihnen ein Mensch, „der aufgrund eigener Erfahrung entdeckt hat, dass man Gott finden kann" (Horst R. Flachsmeier).

„Wesleys Verkündigung", urteilt Werner Raupp, „hatte einschneidende Folgen für das soziale Gefüge Englands." So gründete John Wesley mit seiner neuen Gemeinschaft nicht nur „Altersheime, Waisenhäuser und Schulen für sozial Schwache", sondern kämpfte er auch „entschieden gegen den Sklavenhandel, der von der anglikanischen Kirche gebilligt wurde, und gegen die Ausbeutung der Arbeiterschaft. (…) Wesley und seine Mitarbeiter (waren) die ersten, die vor allem die unteren Bevölkerungsschichten wieder mit dem Evangelium erreichten." Es kam daher nicht von ungefähr, dass

Führer der Gewerkschaftsbewegung und der Labour Party aus den Reihen des Methodismus kamen.

Wesley wollte die durch seine Botschaft angesprochenen und erweckten Menschen nicht allein lassen. Und so gründete er methodistische Gemeinschaften innerhalb der anglikanischen Kirche. Ihre Mitglieder trafen sich regelmäßig zu Gebet, Bibellese und Predigt. Für ihre Betreuung bildete er Reiseprediger aus. Schon bald sah man sich wegen der immer größer werdenden Mitgliederzahlen zum Erwerb eigener Versammlungshäuser genötigt. Dennoch war es nie Wesleys Absicht gewesen, sich von der anglikanischen Kirche zu trennen und eine eigene Kirchenorganisation zu gründen. Erst nach seinem Tod (1791) kam es in England zur Bildung einer eigenständigen methodistischen Kirche. Auch wenn in ihr auf Wunsch der Eltern die Kindertaufe geübt wird, so wird jedoch nur der ein Gemeindemitglied, der im entscheidungsfähigen Alter selber bekennt, an Jesus Christus zu glauben und ihm nachfolgen zu wollen.

Nachdem Wesley in England seine Missionstätigkeit begonnen hatte, brachten Auswanderer den Methodismus auch nach Amerika, wo die neue Glaubensbewegung noch zu seinen Lebzeiten damit begann, eigenständige Kirchenstrukturen (mit eigenen Bischöfen) zu entwickeln. Diese „Bischöfliche Methodistenkirche" sandte um die Mitte des 19. Jahrhunderts deutschstämmige Prediger nach Deutschland, um hier im Sinne des Methodismus zu wirken. Als erster wurde Ludwig Sigismund Jacoby im Herbst 1849 in die alte Heimat geschickt. Zu seinem Wohnort und Stützpunkt wählte er sich Bremen aus. Das war eine kluge strategische Entscheidung. Nach Karl Heinz Voigt war nämlich Bremen „wie keine andere deutsche (Stadt) mit Amerika verbunden, (…) Von Bremen aus organisierte Jacoby mit weiten Beziehungen die Arbeit der Bischöflichen Methodistenkirche in Deutschland." Bei dieser Standortwahl kam aber noch etwas sehr Wichtiges hinzu: „(…) der Bremer Senat (schützte) aufgrund eines bereits 1828 mit den Vereinigten Staaten von Amerika geschlossenen Handels- und Freundschaftsvertrages großzügig die Methodisten. Diese (…) Politik (…) war eine entscheidende Grundlage für die weitere Ausbreitung zunächst in Deutschland und dann in der Schweiz." So konnten etwa in Bremen neben den methodistischen Gesangbüchern „unzählige Traktate, Schriften, Bücher und Zeitschriften gedruckt werden, weil der Bremer Senat selbst nach der Einschränkung der Pressefreiheit dem amerikanischen Staatsbürger Jacoby aufgrund des Freundschaftsvertrages seinen ‚besonderen Schutz zu gewähren' hatte und ihm ‚volle Freiheit' zugestanden wurde." Wie Voigt weiter mitteilt, wurde „1860 sogar eine eigene Druckerei in Betrieb genommen", nachdem zuvor schon eine Ausbildungsstätte für methodistische Predigeranwärter gegründet worden war.

Dass der Methodimus seit den Sechzigerjahren des 19. Jahrhunderts auch in Ostfriesland viele Anhänger gewann und sich dort auszubreiten begann, das hing nicht zuletzt mit der unermüdlichen missionarisch-seelsorgerlichen Tätigkeit von Franz Klüsner und seinen kraftvollen Predigten zusammen. Daher wurde er auch von den Methodisten „Apostel der Ostfriesen" genannt.

Der am 14.11.1837 in Osternburg (heute ein Stadtteil von Oldenburg) geborene Klüsner war seit 1864 Prediger der im Oldenburger Land gelegenen Methodistengemeinde Edewecht. Da wurde er eines Tages von einem unlängst bekehrten Mann aus Aurich gebeten, er möge doch auch dorthin zum Predigen kommen. Und so hält Klüsner in der bei Aurich gelegenen Ortschaft Egels einen Gottesdienst ab. Ein anwesender Müller aus dem benachbarten Schirum ist von der Verkündigung des methodistischen Geistlichen so angetan, dass er ihn auffordert, auch in seiner Mühle Versammlungen abzuhalten. Was Klüsner natürlich ebenfalls gerne tut. Sodass er am Ende sogar von seiner Kirche zum vollzeitlichen Dienst nach Aurich ausgesandt wird, um hier – mitten im Herzen Ostfrieslands – eine methodistische Gemeinde zu gründen.

Am 3. Oktober 1866 kommt Franz Klüsner gemeinsam mit seiner jungen Familie auf einem Leiterwagen in der Kreisstadt an. Schon bald beginnt er an zwei Tagen in der Woche – jeweils mittwoch- und samstagabends von sieben bis halb neun Uhr – in seiner Wohnung Bibel- und Gebetsstunden für Leute aus der Stadt und dem Umland abzuhalten. Auch scheint er viele Menschen be- und aufgesucht zu haben, um mit ihnen über den Glauben an Jesus Christus zu sprechen. Denn der misstrauisch gewordenen Behörde gibt er als Zweck seiner Bemühungen an: „Nicht Separation, sondern Besuch und Sammlung der religiös verkümmerten niederen Volksschichten vor andern." Auch in Großefehn und Ihlowerfehn predigt Klüsner. Als im Mai 1868 der methodistische Distriktvorsteher und Superintendent Jacoby aus Bremen die erstmals durchgeführte Vierteljahrskonferenz des Missionsgebietes Aurich leitet, kann Klüsner ihm bereits von drei Sonntagsschulen mit je zwanzig Kindern sowie von 32 Probemitgliedern und 18 bereits in die Kirche aufgenommenen Vollmitgliedern berichten.

Noch im selben Jahr beginnt Klüsner mit evangelistischen, zum Glauben an Jesus Christus aufrufenden Versammlungen in Neuschoo. Hierhin hatte ihn der Schmied und Landwirt Jürgen Gottfried Schmidt eingeladen. Der Altreformierte Schmidt hatte sich zuvor – zunächst allein, dann mit anderen Personen zusammen – nach Aurich begeben, um hier Klüsner predigen zu hören. So kam es, dass dieser nun auch in Neuschoo Gottes Wort verkündigte, und zwar auf dem großen Dreschplatz einer Schmidt gehörenden Scheune. Bald sind es Hunderte Menschen, die Klüsners Verkündigung lauschen. Doch bereits nach sechs Wochen verbieten die Behörden die Versammlungen in der Scheune – wegen angeblicher Feuergefahr. Nun weicht man in die Brandscheune der benachbarten Heyungschen Ziegelei aus. Und auch hier kommen die

Menschen in Scharen zu Klüsners Predigten. Trotz Schnee und Kälte – und einem undichten Dach, durch das es regnet.*

* Das Königliche Amt Esens hatte unter dem Betreff „Die Bildung einer Methodisten-Gemeinde zu Neuschoo (Col. Schweinsdorf)" der Königlichen Landdrostei zu Aurich in einem Schreiben vom 21. Januar 1869 mitgeteilt: „Es hat sich im Laufe des verflossenen Herbstes in der Colonie Schweinsdorf, hiesigen Amts (Landgemeinde Neuschoo), unter Leitung des dortigen Schmiedts und Krämers, auch früheren Schenkwirths, Jürgen Gottfried Schmidt eine Gemeinde oder ein Verein der bischöflichen Methodisten-Kirche gebildet, welche gegenwärtig 55 Mitglieder zählt. (...) Jedoch dürfte es auf die Gründe des Austritts aus der Lutherischen Landeskirche weniger ankommen, da Art. 12 der Verfassungsurkunde den Austretenden die Freiheit, sich zu einer Religionsgemeinschaft zu vereinigen, gewährleistet. An sich dürfte demnach gegen die Bildung der fragl. Gesellschaft, da deren Statuten den Staatsgesetzen nicht zuwiderlaufen, nichts zu erinnern sein." Allerdings stellte sich für das Amt in Esens die Frage, „ob der neuen Gesellschaft staatliche Anerkennung und Corporationsrechte zu gewährleisten sind". Es bat daher „um hochgeneigte Instruction", wie in dieser Angelegenheit weiter verfahren werden solle.

Da beschließt die sich formierende Gemeinde, eine eigene Kapelle zu bauen, und das lieber heute als morgen! Das entsprechende Grundstück auf dem unebenen „Vossbarg" (Fuchsberg) stellt Schmidt selbst für 75 Taler zur Verfügung. Natürlich wird die Kapelle in Eigenleistung errichtet. Und das in einem rekordverdächtigen Tempo: Im März 1869 ist Grundsteinlegung und bereits drei Monate später kann das neue Gotteshaus eingeweiht werden! Sechzig Jahre später heißt es rückblickend in einem Bericht: „Viele fleißige Hände legten Hand an und schafften fast Übermenschliches. Die Ziegelsteine lieferte die unmittelbar anliegende Heyungsche Ziegelei, und was der Brandofen in der Zeit nur liefern konnte, wurde unausgesucht und noch ganz heiß zum Bauplatz gefahren. Dieser Übereifer war nicht gut; denn mancher Ziegel war nicht wetterfest gebrannt und zeigte bald Abbröckelung."

Nach Errichtung der „Bethlehemkirche" wird Klüsner nach Neuschoo versetzt. Am 23.6.1869 zieht er mit seiner Familie aus der Lindenstraße in Aurich in eine Straße in Neuschoo, die inzwischen die Bezeichnung Franz-Klüsner-Weg (Nr. 7) trägt. Die Gemeinde Neuschoo erlebt unter Klüsner ein rasantes Wachstum, sodass geradezu von einer Erweckung gesprochen werden kann. Nicht nur aus Neuschoo, auch aus der Umgebung kommen immer mehr Leute zu den Gottesdiensten. Im Juni 1870 weist die Gemeinde bereits 336 Probe- und Vollmitglieder auf! Doch es gab auch Widersacher. So nannten einige den Methodistenprediger einen Volksverführer. Auch ging der Spruch um: „Klüsner nimmt die Sünner an, die Thalmann (ein landeskirchlicher Pastor; M.H.) nicht mehr bruken kann!"

Und die Methodistengemeinde zu Neuschoo ist natürlich auch darauf bedacht, externe Missionsstationen zu errichten. So predigt Klüsner etwa auch in Accumersiel, wo bereits 1869 eine Kapelle errichtet wird, und in Dornum. Hier kam es zu einem schnellen Wechsel des Versammlungsortes: Nach den Zusammenkünften in einer Gaststätte, trifft man sich im Haus eines Bäckers, danach in einer Maschinenhalle und schließlich im großen Obergeschoss im Hause des Ortsvorstehers. 1871 wird Dornum selbständige Methodistengemeinde. Sechs Jahre später kann die Beningaburg (auch unter dem Namen Osterburg bekannt) zu einem relativ günstigen Kaufpreis erworben werden. Sie dient der jungen Gemeinde nunmehr als ihr Gemeindezentrum. Für kirchliche Zwecke nutzt man vor allem den Südflügel. Er enthält neben Versammlungsmöglichkeiten auch die Predigerwohnung. Bei der Kapelleneinweihung am 21.8.1878 sollen sich rund 400 Menschen eingefunden haben.

Auch in Esens ist man aktiv. Hier beginnt Franz Klüsner seit dem Winter 1871/72 regelmäßig evangelistische Versammlungen in einer Turnhalle durchzuführen, die am Ende von 600 bis 700 Personen besucht werden. Bereits 1872 kommt es in diesem kleinen Städtchen des Harlingerlandes zur Gemeindegründung und der Errichtung einer eigenen Kapelle. Und auch in Esens macht sich der Methodistenprediger mit seiner Verkündigung nicht nur Freunde. Als er einmal ins Nachbardorf Holtgast unterwegs war, lauerten ihm (ähnlich wie auch Remmer Janßen es einmal erlebte) drei Männer auf, um mit ihren Knüppeln auf ihn einzuschlagen. Als sie den Gottesmann nun kommen sehen, werden sie gewahr dass eine imposant aussehende Person neben ihm einhergeht. Die Männer sind wie erstarrt. Als Klüsner einige Hundert Meter an ihnen vorübergegangen ist, wagen sie sich aus ihrem Versteck hervor. Um zu erfahren, wer jene geheimnisvolle Begleitperson ist, gehen sie Klüsner nach und sehen ihn zu ihrer Verblüffung allein das Haus betreten, in dem er vorhat zu predigen. Nur wenig später bekehrte sich der Anführer jener drei „Verschwörer". Er hatte wohl erfahren, dass Klüsner nichts von einem Mann wusste, der ihn begleitet haben sollte. Solche offensichtlichen Gottesbewahrungen erfuhr Klüsner mehrmals in seinem Leben.

Franz Klüsner hat im Verlauf seines Dienstes als Prediger viele Gemeinden mit ihren Außenstationen betreut. Dieser häufige Ortswechsel hing auch damit zusammen, dass in jener Zeit die methodistischen Geistlichen sich in der Regel alle drei Jahre an einem neuen Dienstort niederlassen mussten. Klüsners Stationen in Ostfriesland waren Aurich (1866-1869), Neuschoo (1869-1872), Esens (1872-1875) sowie Dornum/Esens (1881-1884). Von 1878-1881 war er sogar in St. Gallen in der Schweiz tätig. Zuvor hatte Klüsner von 1875-1878 der Gemeinde in Oldenburg als Prediger gedient, wobei sich deren Mitgliederzahl in diesen drei Jahren verdoppelte. 1884 übernahm Klüsner dann die Methodistengemeinde in Bremen und wurde ein Jahr später zusätzlich zum Vorsteher des Bremer Distrikts ernannt. 1886 zog er wieder nach Oldenburg, um von hier aus hauptamtlich den Distrikt zu bereisen. Immer wieder half er auch bei Evangelisationsversammlungen aus. Als in Wilhelmshaven-Rüstringen die dortige Gemeinde so zunahm, dass ein eigener Kapellenbau unabdingbar war, erklärte sich

Klüsner bereit, die Kosten zu übernehmen. Bei einer Amerikareise, auf der er ausgewanderte ostfriesische Methodisten und deren Gemeinden besuchte, konnte er viele Geldspenden für das Bauprojekt in der Stadt am Jadebusen einsammeln. Als seine Amtszeit als Distriktvorsteher abgelaufen war, diente er erneut der Gemeinde Oldenburg als Prediger (1891-1897).

Die Tätigkeit Klüsners in Ostfriesland schuf nicht nur die Grundagen für die Ausbreitung und Etablierung des Methodismus in diesem nordwestlichen Landstrich Deutschlands, sondern trug auch mit dazu bei, dass die Methodistische Kirche hier durch seinen rastlosen Einsatz und sein evangelistisches Charisma eine regelrechte Blütezeit erlebte. Sein Drang, Menschen für Jesus Christus zu gewinnen war so intensiv und opferbereit, dass eine Frau einmal meinte: „Man muss sich ja aus Erbarmen mit dem Mann bekehren, wenn man sieht, wie er sich abarbeitet für die Seelen, und wie er im Gebet um sie ringt."

Klüsner verstand es, die Menschen mit seinen Predigten zu fesseln. Dabei konnte er auch unkonventionelle Wege gehen. Auf einer Missionskonferenz 1891 in Heilbronn, wo er als zweiter Redner zu predigen hatte, bemerkte er, wie an diesem heißen Tag die Versammlungsteilnehmer im Begriff standen zu ermüden. Nachdem er die Kanzel betreten hat, nimmt er daher zunächst seine Uhr in die Hand und betrachtet sie nachdenklich. Dann hält er sie an sein Ohr, schaut sie sich anschließend erneut an und lässt dann die verwunderte Versammlung wissen: „Sie geht!" Daraufhin erklärt er, dass die Uhr aber nur gehe, weil sich in ihr eine intakte Triebfeder befinde. Dieses Beispiel wiederum nimmt er zum Anlass, im Anschluss an das Bibelwort „Die Liebe Christi dringet uns also" von der Triebkraft der Mission zu sprechen. Auf diesem Umweg war es ihm gelungen, von Anfang an das Interesse der müden Zuhörer zu gewinnen.

Ein anderes Mal war es ihm passiert, dass in der Erntezeit die übermüdeten Bauernleute einzunicken begannen. Da sprach er immer langsamer und leiser. Als er schließlich nur noch am Flüstern war, rief er plötzlich laut aus: „Feuer! Feuer!" Die bei diesem Ausruf sofort hellwach gewordenen Zuhörer riefen ihrerseits nun erschreckt: „Wo? Wo?" Worauf Klüsner trocken antwortete: „In der Hölle!"

An diesen Beispielen merkt man schon die besondere Originalität, die Franz Klüsner auszeichnete. Sie kann und sollte nicht kopiert werden, weil dann das, was bei Klüsner dank seiner einmaligen menschlich-originellen Art „passen" mochte, in der Nachahmung nur peinlich wäre. Das gilt besonders für seine „Erziehungsmethodik" gegenüber der Gemeinde. (Wobei auch zu bedenken ist, dass früher die Gemeinden von den Pastoren sehr paternalistisch geführt wurden.) Wenn Klüsner etwa bemerkte, wie während seiner Predigt ein Zuhörer verstohlen auf seine Taschenuhr sah, konnte es schon mal passieren, dass er in seinen Ausführungen innehielt und dem Betreffenden vom Rednerpult her mitteilte: „Bruder X, es ist jetzt so und so viel Uhr." Oder er fragte ganz direkt: „Bruder X, willst du uns eben sagen, wie viel Uhr es ist?" Und wenn Klüsner der Unsitte wehren wollte, dass die Gottesdienstteilnehmer sich jedes Mal zur Tür umwandten, wenn jemand zu spät gekommen war, so konnte es vorkommen, dass er selbst der Versammlung kund gab: „Soeben ist Bruder X (oder Schwester Y) eingetreten." Damit hatte er dann auch gleichzeitig erreicht, dass die Besucher sich bemühten, rechtzeitig zu den Versammlungen zu kommen…

Und auch die Geschichte „Wie Mudder Köhne dem Vadder Klüsner eine Osterpredigt hielt" soll hier nicht unerwähnt bleiben. Das Gemeindeglied „Mutter Köhne" konnte krankheitshalber nicht am Ostergottesdienst teilnehmen. Als Klüsner sie besucht, fragt sie ihn daher: „Wat hest du Ostern predigt? Hest du ock ower dat Sweetdok un de Linn'n predigt?" Woraufhin der Prediger erwidert: „Nä, Mudder Köhne, darr heff ick nicks von seggt." Doch die alte Frau kann ganz und gar nicht verstehen, dass er am Ostermorgen es nicht für wert gehalten habe, des Schweißtuchs Jesu und seiner leinenen Grabtücher zu gedenken. Da erklärt ihr Klüsner: „Dat Sweetdok hett doch wohl bloß die Bedütung, de Auferstehung Jesu to bekräftig'n und mit de Linn'n to wiesen, dat he 'n Godd der Ordnung is." Da es in ihrer Stube nicht gerade ordentlich aussah, meint sie, dass jene Bemerkung von ihm auch eine Anspielung auf ihre eigene Unordnung sei. Empört fährt sie Klüsner an: „Du hest immer wat op mi los to bieten." Und dann lässt sie den verdutzten Gottesmann wissen: „Awer dat will'k di segg'n, Vadder Klüsner, wat dat mit dat Sweetdok un den Linn'n to bedü'n het. Use lewe Heiland het de Linn'n darum in't Graff liggen lat'n, weil he na de Auferstehung kiene mehr bruken dät, um de Tranen darmit aftowischen. Wenn ick mal dod bliew, dann will ick in disse Linn'n all min Tranen un all min Sweet afwisch'n un in't Graw ligg'n lat'n, denn im Himmel weer ick jo nich mehr ween'n un swet'n."* Auf diese Weise erfuhr also Klüsner, was zu einer „ordnungsgemäßen" Osterpredigt gehört.

* „Worüber hast du Ostern gepredigt? Hast du auch über das Schweißtuch und die Leinentücher gepredigt?" „Nein, Mutter Köhne, davon habe ich nichts gesagt. Das Schweißtuch hat doch wohl bloß die Bedeutung, die Auferstehung zu bekräftigen, und mit den Leinen sollen wir wissen, dass Gott ‚ein Gott der Ordnung' ist." „Du musst immer so auf mich losgehen! Aber das will ich dir sagen, Vater Klüsner, was das mit dem Schweißtuch und den leinenen Tüchern auf sich hat: Unser lieber Heiland hat deswegen die Leinen im Grab zurückgelassen, weil er nach der Auferstehung keine mehr benötigt hat, um die Tränen damit abzuwischen. Wenn ich einmal gestorben bin, dann will ich mit diesen Leinentüchern alle meine Tränen und meinen Schweiß abwischen und sie im Grab liegen lassen, denn im Himmel werde ich ja nicht mehr weinen und schwitzen müssen."

An der Entstehung der Methodistengemeinde Leer war Franz Klüsner übrigens nicht beteiligt. Hier versammelten sich die Methodisten 1891 zunächst in einem Privathaus zu Bibelstunden. Betreut wurde die Leeraner Gemeinde zunächst von

Edewecht und dann von Westrhauderfehn aus. Sie wuchs so stark, dass bereits 1895 in der Friesenstraße eine Kapelle gebaut werden konnte und sie mit Christian Wendt ihren ersten eigenen Prediger erhielt. Bis 1947 war sie auf 418 Mitglieder angewachsen, während die Gemeinde in Westrhauderfehn bereits 1907 wieder aufgelöst und ihre Kapelle an die Lutherische Kirchengemeinde verkauft worden war.

Im Laufe der Zeit wurden die ostfriesischen Methodistengemeinden immer wieder durch die Auswanderung vieler ihrer Mitglieder nach Amerika dezimiert. So mancher Predigtplatz musste aufgegeben werden. Heute gibt es in Ostfriesland nur noch zwei Orte, in denen die Methodisten vertreten sind und in ihren Kapellen ihre Gottesdienste und andere gemeindliche Veranstaltungen abhalten: Neuschoo, im nördlichen Teil Ostfrieslands, und Leer, im südlichen Teil Ostfrieslands gelegen.

### Literatur- und Quellennachweis

Festschrift: 150 Jahre Bethlehem-Kirche Neuschoo. 1869-2019. Hrsg. Evangelisch-methodistische Kirche. Gemeindebezirk Neuschoo-Aurich. (Verantwortlich für den Inhalt: Dr. W. Müller), Esens 2019
Horst R. Flachsmeier: Der Kirchengründer wider Willen. John Wesley. In: Georg Popp: Die Großen des Glaubens. Stuttgart/Regensburg 1985, S. 223-226
H. Hautzenberger: Methodismus/Methodisten. In:Evangelisches Lexikon für Theologie und Gemeinde. Bd. 2. Wuppertal/Zürich 1993, S. 1335-1337
Hans-Walter Krumwiede: Geschichte des Christentums III. Neuzeit: 17. Bis 20. Jahrhundert. Stuttgart 1977, 128f
Werner Raupp: Werkbuch Kirchengeschichte. 52 Personen aus zwei Jahrtausenden. Gießen/Basel 1987, S. 73f, 296-300
August Rücker: Die Pioniere des Methodismus in Deutschland, Bd. 1. Bremen 1936, S. 59-77
Menno Smid: Ostfriesische Kirchengeschichte. Pewsum/Weener 1974, S. 546-550 u. 696
Karl-Heinz Voigt: Die Evangelisch-methodistische Kirche. In: In: H.-B. Motel (Hrsg.): Glieder an einem Leib. Freikirchen in Selbstdarstellungen. Konstanz 1975, S. 174-217
Siegfried F. Weber: Methodisten in Ostfriesland (www.siegfried-f-weber.de>app>download>Methodisten+in+Ostfriesland; Zugriff: 26.11.2019)
Gemeindebezirk Neuschoo-Aurich (www.atlas.emk.de/emk-neuschoo/gemeindeportrait; Zugriff: 26.11.2019)
Bethlehemkirche (Neuschoo) (https://de.wikipedia.org/wiki/Bethlehemkirche_(Neuschoo); Zugriff: 26.11.2019)
Kirche Neuschoo. Die ev.-meth. Kirche Neuschoo (Homepage Samtgemeinde Holtriem: https://holtriem.de/tourismus-freizeit/sehenswuerdigkeiten/kirche-neuschoo; Zugriff: 26.11.2019)
Methodistische Kirche (Aurich) (https://de.wikipedia.org/wiki/Methodistische_Kirche_(Aurich); Zugriff: 26.11.2019)
Gemeinde Leer. Wir über uns (www.atlas.emk.de/emk-leer/wir-ueber-uns; Zugriff: 26.11.2019)

# Heinrich Oltmann – als „Papst in Loga" führend im Kirchenkampf

Heinrich Oltmann (1892-1937) ist einer der profiliertesten ostfriesischen Pfarrer seiner Zeit gewesen. Er wurde am 29.12.1892 in Weener geboren, wo sein Vater als angesehener Kupferschmiedemeister tätig war. Er gehörte der reformierten Kirche an, während seine Frau Mitglied der örtlichen Baptistengemeinde war. Diese wiederum war von ihrem Vater Jan Luiken Janssen, einem angesehenen Kapitän und Reeder, gemeinsam mit anderen frommen Männern gegründet worden.

Anfang des 20. Jahrhunderts brach in der Kirchengemeinde in Bunde unter den die Herzen und Gewissen der Zuhörer anrührenden Predigten des Pfarrers Carl Octavius Voget (1874-1936) eine Erweckung aus, die schon bald auf weitere Gemeinden im Rheiderland übergriff.* Die Menschen strömten in die von der Erweckung erfassten Kirchen. Auch solche, die bislang eher distanziert der Kirche gegenübergestanden hatten, kamen und wurden in einer vorher nicht gekannten Weise von der christlichen Botschaft angesprochen. Außer zu den kirchlichen Veranstaltungen traf man sich auch in häuslichen Stubenversammlungen zu Bibelbetrachtung und gemeinsamem Gebet. Dabei war es keine Seltenheit, wenn einfache Bauern oder Handwerker auf ganz praktische Art und Weise das Wort Gottes auslegten. Auch wurden auffallend viele junge Menschen von der Erweckungsbewegung erfasst, sodass auch sie sich entschieden, ihr Leben bewusst Christus anzuvertrauen und mit dem Christsein ernst zu machen.

* Das Rheiderland gehört zum Landkreis Leer. Es ist der westlich der Ems liegende Teil Ostfrieslands, der sich bis zur niederländischen Grenze und – im Norden – bis zum Dollart erstreckt.
Über C. O. Voget und die Erweckung im Rheiderland sowie zur Bekehrung von Heinrich Oltmann im Zuge dieser Erweckungsbewegung siehe ausführlich S. 81 ff

Unter ihnen war auch Heinrich Oltmann, der zu jener Zeit das Gymnasium in Leer (und später das in Papenburg) besuchte. Seine Bekehrung im Alter von etwa 13 Jahren führte schließlich dazu, dass er sich entschloss, nach dem Abitur Theologie zu studieren, um Pfarrer in der Reformierten Kirche zu werden. Während seines Studiums bricht der Erste Weltkrieg aus. Nachdem er aufgrund einer „Notprüfung" vorzeitig das erste theologische Staatsexamen abgelegt hat, wird er im Frühjahr 1916 zum Kriegsdienst eingezogen. Oltmann nimmt an der berüchtigten Schlacht an der Somme teil, bei der er im September desselben Jahres schwer verwundet wird. Sieben Monate muss er im Lazarett verbringen, dann wird er als Kriegsversehrter entlassen. In der kleinen Krummhörn-Gemeinde Woltzeten tritt er dann ein Jahr nach seiner schweren Verwundung seinen Pastorendienst an. 1921 folgte er einem Ruf in die ev.-ref. Gemeinde von Loga. Eine ihm angebotene Pfarrerstelle in Elberfeld, der größten reformierten Gemeinde in Deutschland, hatte er zuvor genauso abgelehnt, wie Jahre später eine in Barmen-Gemarke.

Im Verlauf seines Theologiestudiums war es bei Oltmann übrigens zu einer schweren geistlichen Sinn- und Berufungskrise – und zu einer außergewöhnlichen Krankenheilung gekommen. Bei seiner Einführungspredigt in Woltzeten äußerte er diesbezüglich einmal: „Und als die Versuchung dieser Studentenzeit, dem Dienst zu entsagen und der Gedanke mich beschäftigte, ich will nicht mehr in seinem Namen predigen, da nahm Gott mich in seine besondere Schule. Er warf mich monatelang auf's Krankenlager. Tag und Nacht wurde ich von rasenden Schmerzen gequält. Arzt und Spezialarzt hatten meinen Tod mit Bestimmtheit als in zwei Tagen erfolgend vorausgesagt: den Tod oder lebenslängliche geistige Umnachtung. Da griff Gott ein und heilte mich plötzlich und ganz. (…) Über das Einzelne des damaligen gewaltigen inneren Erlebnisses darf ich hier nicht mehr sagen. Aber das will ich noch sagen: Drei Ärzte haben mir bestätigt: Das war ein Wunder, das war göttliche Heilung, das wirft all unser medizinisches Wissen über den Haufen. (…) Das war 1913, Gott hatte noch eine Aufgabe für mich, darum blieb ich am Leben."

Was nun Oltmanns pastoralen Dienst betrifft, so hat er ihn mit ganzem Einsatz und völliger Hingabe geleistet. Er hatte stets ein offenes Haus und Ohr für hilfesuchende Menschen. In seiner Verkündigung ging es ihm, wie er es in seiner Abschiedspredigt in Woltzeten treffend formuliert hat, „um das klare, ungebrochene Zeugnis von der persönlichen Liebe zu Gott und zum persönlichen Glauben an Jesus". In dieser Predigt lässt Oltmann uns auch einen Blick werfen in sein von großer Verantwortung gegenüber Gott und den Menschen getragenes Dienstverständnis, indem er ausführte: „In dem Maße, in dem Gott mich innerlich löste von dem Fragen nach Menschengunst und Menschenurteil, hat er mich gebunden an sich und an Christus. Gott gab es mir, euch mit andern Augen zu sehen. Ich beurteilte euch nicht mehr danach, ob ihr Bauern, Bürger oder Arbeiter, ob ihr Reiche, Hohe oder Niedrige wart, ob ihr politisch ganz rechts oder in der Mitte oder links oder ganz links standet. Nein, ich sah euch im Lichte Gottes, ich sah euch im Lichte der Ewigkeit. Ich sah euch als Menschen, die alle mit Sünde und Schuld beladen sind. (…) Die alle vor dem Thron Gottes erscheinen müssen. Die alle einmal dem ewigen Richter nur auf zwei Fragen Antwort geben müssen: 1. Freund, was hast du getan mit der Schuld deines Lebens? Und 2. Freund, wie hast du gehandelt mit deinem Mitmenschen? Ich habe in euch allen Menschen gesehen, die einen Heiland brauchen, der ihnen ihre Sünden vergibt und ihnen Kraft gibt, an ihren Mitmenschen so zu handeln, wie Jesus handelte, der segnete, die ihm fluchten, der Böses mit Gutem vergalt."

Heinrich Oltmann war einer der ersten Pastoren, die auch plattdeutsche Gottesdienste abhielten. Nicht zuletzt aber war er ein Prediger mit „Charisma". Häufig wurde er daher auch zu auswärtigen Verkündigungsdiensten gerufen. Etwa bei Evangelisationsveranstaltungen oder den damals in Ostfriesland sehr beliebten Missionsfesten. Er begründete die „Jahrmarktsmission", die in den 20er Jahren auf so manchen ostfriesischen Jahrmärkten mit einem eigenen Stand zugegen war und dem Publikum christliche Bücher und Schriften sowie Spruchkarten und Wandsprüche anbot. („Ja, leider sind die Zeiten so geworden, dass wir die Botschaft unseres Gottes auf die Jahrmärkte, auf die Straßen und in die Wirtshaussäle bringen müssen, um Menschen zu erreichen, zu denen wir sonst keinen Zugang haben", so seine Ansicht.) Gleichzeitig war Oltmann Vorsitzender des Ostfriesischen Gemeinschaftsverbandes, einer innerkirchlichen neupietistischen Frömmigkeitsbewegung. Er sah es als seine besondere Aufgabe an, quasi Vermittlerdienste zwischen der Amtskirche und der Erweckungs- bzw. Gemeinschaftsbewegung zu leisten.

Überhaupt war Oltmann, der zeitweise auch Mitglied der Kirchenleitung der Evangelisch-reformierten Kirche der Provinz Hannover war, von einem unermüdlichen Aktivitätsdrang beseelt. So entfaltete er nicht nur eine eifrige literarische Tätigkeit in den Blättern des „Bundes Deutscher Bibelkreise" („Jungenwacht" und „Neue Jugend"), sondern schrieb regelmäßig auch in vielen anderen christlichen Publikationsorganen. Gegen Ende der Weimarer Republik kandidierte er sogar bei Landtags- und Reichstagswahlen auf Listenplätzen für die Parte CSV (Christlich-Sozialer Volksdienst).

Man kann Oltmann, was seinen politischen Standort betrifft, als national-konservativ bezeichnen. Mit einem durchaus wachen Sinn für die sozialen Nöte der Zeit. Der Ideologie der NSDAP gegenüber war er – auch vor seinem christlichen Selbstverständnis und theologischem Standort her – schon früh kritisch eingestellt. Zwar erklärte er im Frühjahr 1932, also wenige Monate vor Hitlers Machtergreifung am 30. Januar 1933, in einem Artikel, dass er sich „durchaus zu dem starken nationalen und sozialen Wollen der Hitlerpartei" bekenne. Dennoch beklagte er, dass die Hoffnung auf einen politischen Neuanfang „im Glauben an das Dritte Reich die Form religiöser Inbrunst und säkularisierter Eschatologie angenommen" habe. Und er kritisiert: „Der Nationalismus bejaht Gott, aber nicht so, wie Gott sich uns Menschen im Alten und Neuen Testament offenbart hat. Ich kenne keine Bewegung, die – obgleich sie Gott bejaht – doch Gott so klein und den Menschen, den Rassemenschen, so groß macht, wie es in dem Nationalsozialismus der Fall ist." Eine solche Bewegung – so seine Überzeugung – habe nicht die Kraft, „einer Not abzuhelfen, deren tiefste Wurzel der Größenwahn des gottgelösten Menschen" sei.

Und so wundert es dann auch nicht, dass Oltmann von Anfang an der „Glaubensbewegung Deutscher Christen", deren Mitglieder beabsichtigten, das Christentum mit nationalsozialistischer, judenfeindlicher Ideologie zu vermengen und die Kirchen doktrinär und personell zu unterwandern, erbitterten Widerstand leistete. Als immer deutlicher wurde, dass bei der Schaffung einer einheitlichen „Reichskirche" der Einfluss der „Deutschen Christen" immer dominierender wurde und der NS-Staat immer unverhohlener in die kirchlichen Belange einzugreifen versuchte, formierte sich schon bald als Gegenbewegung die sog. Bekennende Kirche. Zu ihren Mitgliedern – einzelne „intakte" Landeskirchen und viele Pfarrer und andere Einzelpersonen – gehörte von Anfang an auch Heinrich Oltmann. Als im Mai 1934 Vertreter der BK in den Räumen der reformierten Kirchengemeinde Barmen-Gemarke zusammenkamen, um die so berühmt gewordene „Barmer theologische Erklärung" zu verabschieden, war Oltmann nicht nur von seiner Kirche zu dieser Synode entsandt worden, sondern hielt er sogar selbst ein Grundsatzreferat. Und auch an der Synode der Bekennenden Kirche im Juni 1935 in Augsburg nimmt der ostfriesische Pastor teil. Bereits 1933 hatte sich Oltmann dem „Pfarrernotbund" angeschlossen gehabt, der von dem Berliner

Pfarrer Martin Niemöller gegründet worden war, und der im Widerstreit mit den „Deutschen Christen" als alleinige Grundlage für den christlichen Glauben die Bibel und die Bekenntnisschriften betonte und einen Unterschied zwischen jüdischen und nichtjüdischen Christen innerhalb der Kirche bestritt. Auch war Oltmann seit Oktober 1934 Vorsitzender der „Bekenntnisgemeinschaft" innerhalb der evangelisch-reformierten Landeskirche der Provinz Hannover. Ihre Mitglieder fühlten sich den Anliegen der Bekennenden Kirche verpflichtet und waren bemüht, die reformierte Kirchenleitung für den Kurs der BK zu gewinnen.

Heinrich Oltmann, der zweifelsohne der „führende Kopf der bekennenden Kräfte in Ostfriesland" (Paul Weßels) gewesen ist, war mit zahlreichen prominenten Vertretern des Pfarrernotbundes und der Bekennenden Kirche persönlich bekannt und stand nicht zuletzt mit den einflussreichen Elberfelder und Barmer BK-Pfarrern Karl Immer, Harmannus Obendiek sowie Hermann Albert Hesse und Hermann Klugkist Hesse – allesamt gebürtige Ostfriesen – in engem Kontakt.

In seiner kirchenpolitischen Positionierung wusste Oltmann, der in einem Dokument von einem seiner Gegner aus den Reihen der „Deutschen Christen" als „Papst in Loga" bezeichnet worden war, den Kirchenrat und den Großteil seiner Gemeinde stets hinter sich. Dass er in Gottesdiensten und anderen Veranstaltungen von der Gestapo bespitzelt wurde, war nichts Ungewöhnliches. Da er damit rechnete, dass auch seine Telefongespräche abgehört wurden, bediente er sich bevorzugt in seinen Telefonaten der plattdeutschen Sprache. Der Logaer Pfarrer sah sich in einen Kampf gestellt. Für ihn war die wichtigste Entscheidung, um die im Reiche Hitlers gerungen wurde, „der große Kampf um Gott. Darum geht das tiefe Ringen in unserem Volk, wer die Grundhaltung in unserem Volk bestimmen soll: der ewige Gott oder der vergängliche Mensch, die ewige Wahrheit der Bibel oder der

Mythos menschlicher Gedankensysteme, das ewige Evangelium vom Blute Jesu Christi oder der vergängliche Mythos vom nordischen Blut. Dieser Kampf ist dir und mir befohlen."

Leider ist Heinrich Oltmann bereits Anfang 1937 verstorben und konnte somit auf die weitere kirchenpolitische Entwicklung keinen Einfluss mehr nehmen.

## Special:

### Oltmanns vielgelsener Roman „Und das Meer ist nicht mehr"

Oltmann hat in seinem Leben manches Leidvolle durchmachen müssen. Er selbst war ja ein Schwerkriegsbeschädigter und hatte verschiedentlich mit gesundheitlichen Problemen zu tun. Seine Frau Taletta war häufig krank und erlitt mehrere Fehlgeburten. Anfang 1935 war bei ihr eine schwere Krebserkrankung festgestellt worden, die sie auf ein qualvolles Kranken- und schließlich Todeslager warf. Dabei die Sorge, dass vier kleine Kinder nach dem Tod der Mutter zu Halbwaisen werden würden! In den Jahren zuvor hatte es in der Verwandtschaft bereits verschiedene tragische Todesfälle gegeben. In dieser Situation macht sich Heinrich Oltmann daran, sein persönliches Leid zu verarbeiten und sich der damit verbundenen Theodizeefrage (der Frage nach der Gerechtigkeit und der Güte Gottes angesichts der menschlichen Leiderfahrung) zu stellen. Er verfasst einen kleinen Roman. Das Buch stellt er unter den Titel „Und das Meer ist nicht mehr – von Menschen, die mit Gott im Elend waren".

In dem Vorwort schreibt er: „Kein Mensch kann ohne Gott sein. Er kann nur mit oder gegen Gott sein. Nichts führt die Menschen sicherer in diese Todeslinie als das Leid. Diese Blätter berichten von Menschen, die mit Gott im Elend waren.

(…) Mir aber sind sie ein Kranz auf sechs Gräber, die sich in vierzehn schweren Jahren vor mir schlossen."

Die Romanhandlung spielt ungefähr in der Zeit von 1880 bis 1930 auf der Insel „Friesum" (= Spiekeroog). Sie erzählt das leidensvolle Schicksal der fiktiven Familien Janssen und Aden in zwei Generationen. So verliert der Kapitän Enno Janssen innerhalb weniger Wochen seine Frau an Herzversagen und drei seiner vier Kinder an Diphterie. Sein ihm noch verbliebener Sohn Edzard heiratet später Hella, die einzige Tochter der früh verwitweten Almuth Aden, eine Freundin aus Kindheitstagen von Enno.

Doch auch das junge Paar erlebt viel Schweres. Ein Kind von ihnen verunglückt tödlich. Edzard Aden wandert nach dem Ersten Weltkrieg nach Amerika aus, um sich hier eine neue Existenz aufzubauen. Relativ schnell findet er im Bundesstaat Oregon Arbeit. Doch bei ihrer Ankunft in New York erhält die ihm mit ihren beiden Kindern nachgereiste Ehefrau die schockierende Nachricht, dass ihr Mann inzwischen durch einen Unglücksfall ums Leben gekommen ist. Völlig verzweifelt kehrt Hella mit ihren Kindern nach Spiekeroog zurück. Hier verliert sie später auch noch ihren Sohn Udo. Der war Seemann geworden. Als er an einem Heiligabend zu Besuch nach Hause kommen will, wird er bei undurchdringlichem Nebel versehentlich von einem nach „Hellum" (= Baltrum) fahrenden Schifferboot statt auf die auf dem Fahrweg liegende Insel Spiekeroog auf eine Sandbank abgesetzt und ertrinkt in der Flut. Seine Mutter Hella stirbt ob der vielen Schicksalsschläge an gebrochenem Herzen. Zurück bleiben mit einer Enkeltochter die beiden Alten, Enno Janssen und Almuth Aden.

Bei der Bewältigung ihres Leidensweges und der sich aufdrängenden menschlichen Fragen, Zweifel und Anfechtungen helfen Enno und Almuth nicht wohlfeile fromme Sprüche und Theorien. Vielmehr finden sie Trost und Glaubensstärkung im

Vertrauen auf Gottes unwandelbare Treue und Liebe. So lässt etwa Almuth den lange Zeit hadernden Enno wissen: „Der leiderprobte, gottgebundene Mensch hat seine Festigkeit nicht aus der Fertigkeit seiner Antworten, sondern aus dem Wissen um das Gehaltenwerden von einer ewigen Hand. (…) Wirklichkeiten können nur durch Wirklichkeiten überwunden werden. Die starke Wirklichkeit des Leides kann nur durch die stärkere Wirklichkeit eines gütigen Gottes, eines Vaters ewiger Treue überwunden werden." Und: „Es gibt nur einen Beweis, dass Gott sich um mich kleinen Menschen in seiner großen Not kümmern will, und das ist Christus. (…) Der einzige Beweis, dass Gott mich liebhat, dass der Ewige sich um mich leidenden Menschen kümmert, ist Christus. Soweit Christus in deinem Leben ist, ist Wirklichkeit Gottes da. Soweit Christus da ist in deinem Leid, ist Wirklichkeit Gottes in deinem Leid."

Eine Schlüsselstellung bei der Klärung ihrer eigenen Glaubens- und Lebensproblematik gewinnt für die beiden jene Stelle aus der Offenbarung 21, Vers 1, in der „ein neuer Himmel und eine neue Erde" am Ende der Zeiten prophezeit wird, und es ferner heißt: „Denn der erste Himmel und die erste Erde waren vergangen, *und das Meer ist nicht mehr.*" Diese Stelle nun erklärt Almuth ihrem alten Freund Enno so: „Was ist das Meer? Ist es nicht wie ein Bild des ganzen Menschenlebens? Immer in Bewegung. Kommen und Gehen. Steigen und Fallen. Eben kommt die Woge in stürmischem Anlauf – und schon bricht sie in nichts zusammen. Ewige Unruhe. Fragen ohne Antwort. Ist das nicht Menschenschicksal? Wenn das alles wäre, dann müsste das Leben um seiner Sinnlosigkeit unerträglich werden. Aber wenn der Riss der Schöpfung ganz geheilt sein wird, dann soll es Wahrheit werden: ‚Und das Meer ist nicht mehr.' Dann kommt die Antwort auf tausend ungelöste Fragen meines Lebens. Das zu wissen genügt mir. Bis dahin kann ich warten, trotz der Wolke, weil ich Gott hinter dem Dunkel der Wolke weiß."

79

Gewiss, Oltmanns 1935 veröffentlichter kleiner Roman enthält stilistische und konzeptionelle Mängel. Doch fand und beeindruckte er viele Leser. Allein bis zum Kriegsausbruch im September 1939 erschienen fünf Auflagen mit insgesamt 22.000 Exemplaren! 1962 kam das Buch schließlich in achter und letzter Auflage heraus. Insgesamt wurde es 31.000-mal verkauft. Die Erzählung hat, nach Meinung von Hans-Georg Ulrichs, unter den Reformierten und den erwecklichen Bekenntnischristen „einen nicht abzuschätzenden Einfluss auf die Frömmigkeit in Ostfriesland" gehabt.

Heinrich Oltmann selbst starb bereits am 8. Februar 1937 im Alter von nur 44 Jahren, nachdem ihm eine schwere Herzerkrankung monatelang schwer zugesetzt und am Ende völlig entkräftet hatte. Nur wenige Tage später, am 18.2.1937, wurde auch Taletta Oltmann von ihrem schweren Leiden erlöst.

### Literatur- und Quellennachweis:

Heinrich Oltmann: Und das Meer ist nicht mehr. Neumünster 1962 (8. Aufl.)
Heinrich Oltmann: Jan Friesemann. In: Für oder wider Christus. Hrg. von Alexandrine Schmidt bzw. MBK-Verlag, Bad Salzuflen, o.J.
Susanne Brand: „Nicht hoffnungslos, sondern handelnd". Neues Buch erinnert an den Pastor Heinrich Oltmann im Kirchenkampf. In: Der Deichwart 7/2003, S. 1ff
Diedrich Hensmann/Arno Pagel: Heinrich Oltmann. In: A. Pagel (Hg.): Er führt zum Ziel. Marburg 1981, S. 179ff
Menna Hensmann: Pastor Heinrich Oltmann (1892-1937). In: Ostfriesland Journal 3/1987, S. 9f
Matthias Hilbert: Heinrich Oltmann: „Papst in Loga" und Schriftsteller. In: Unser Ostfriesland Nr. 22/2016 (Beilage OZ)
Werner Jürgens: Ein mutiger Pastor der Bekennenden Kirche. In: Ostfriesland Magazin 2/2012, S. 74f
Jan Luiken Oltmann: Heinrich Oltmann. Pastor in Loga 1921-1937. Weener 1987
Paul Weßels: Nicht hoffnungslos, sondern handelnd. Heinrich Oltmann (1892-1937) - Ein reformierter Pastor im Kirchenkampf. Wuppertal 2002
Paul Weßels: „...für oder wider Christus!" - Heinrich Oltmann, Carl Octavius Voget und die Erweckungsbewegung in Bunde 1905/1906". In: Der Deichwart 5/2001, S. 1ff

# Carl Octavius Voget – Pastor mit Charisma

Der schon in diesem Band an anderer Stelle vorgestellte Heinrich Oltmann hatte bekanntlich seine Kindheit und Jugend in Weener verbracht. In seinem autobiografischen Aufsatz „Jan Friesemann" (Oltmanns Alter ego) berichtet er davon, wie er als Gymnasiast mit einer Erweckungsbewegung in Berührung kam, die vom benachbarten Bunde ausging und dann auch auf andere Teile des Rheiderlandes übergriff – und schließlich auch den Jugendlichen selbst erfasste. Ein „denkwürdiger Winter" sei damals (allem Anschein nach 1905/1906) angebrochen. „Aus der Nachbargemeinde", so Oltmann, „hörte man seltsame Dinge. Die große Kreuzkirche sei sonntäglich überfüllt. Menschen, die bis dahin nur seltene Gäste im Gotteshaus gewesen waren, strömten in Scharen herbei. Auch aus den Nachbargemeinden kamen viele, um den neuen Prediger zu hören. Seine Botschaft war nicht neu. Es war die alte Botschaft der Bibel, dass Jesus Christus aller Menschen Heiland sei. Diese alte Botschaft aber verkündigte der junge Prediger in ganz neuer Weise. Es war nicht leicht, zu sagen, worin denn das Neue seiner Verkündigung liege. Tatsache aber war, dass viele seiner Zuhörer die Empfindung hatten, als hörten sie die alte Botschaft zum ersten Male. Das, was sie schon lange kannten, hörten sie nun ganz anders. Es war ihnen wohl, als seien es keine Lehren mehr über Jesus, sondern als stünde er selbst vor ihnen und riefe sie zur Entscheidung und Lebenshingabe auf."

Jener junge reformierte Prediger, der damals neu nach Bunde gekommen war und für viel Furore sorgte, war Carl Octavius Voget. Er wurde später Schwager von Heinrich Oltmann, als dieser dessen Schwester Taletta heiratete. Nach Hans-Georg Ulrichs „war und ist die weitläufige Familie Voget eine bedeutende Gelehrtenfamilie in Ostfriesland, die zahlreiche Pastoren, Ärzte und Lehrer hervorgebracht hat". Carl Octavius Voget selbst wurde am 9. Juni 1874 in Jesteburg geboren.

Sein Vater, Gustav Heinrich Voget, war ein wohlhabender Landwirt. 1878 zog er mit seiner Familie in die Nähe von Eckernförde auf das ansehnliche Gut Harzhof, das er gepachtet hatte. Der Sohn Carl Octavius kam 1889 nach Holthusen in das Haus seines Onkels Friedrich Julius Voget, einem dem Pietismus nahestehenden, allseits geschätzten Pastor. Holthusen liegt in der Nähe von Weener. Hier besuchte der Junge zunächst die Lateinschule, um dann schon bald auf das in der Kreisstadt Leer sich befindende altehrwürdige Ubbo-Emmius-Gymnasium zu wechseln, wo er Ostern 1894 das Abitur ablegte.

Die Lektüre des bekannten Pietisten Heinrich Jung-Stilling (1740-1817) bewog Carl Octavius Voget zur Aufnahme des Theologiestudiums. Sein erster Studienort ist Basel. Kontakte zur dort ansässigen Basler Mission und zur Heilsarmee vertiefen seine Frömmigkeit und sein geistliches Leben. Nach einem Jahr Aufenthalt in Basel geht Voget für ein Semester auf die Universität in Kiel. Ab dem Wintersemester 1895/1896 studiert er dann weiter an der Greifswalder Universität, „wo er mit Hermann Cremer, einem biblizistischen Neutestamentler (…), den ihn prägenden Lehrer fand" (H.-G. Ulrichs).

Nachdem Voget im September 1897 in Aurich sein Erstes Theologisches Examen abgelegt hatte, schien er offensichtlich noch nicht sofort eine Anstellung als Vikar („Hilfsprediger") zu suchen. Möglicherweise spielte dabei auch eine chronische Schmerzerkrankung mit, an der er schon früh litt. So hospitiert der Theologiekandidat zunächst bei seinem Onkel in Holthusen und unterrichtet später eine Zeitlang seine eigenen jüngeren Geschwister quasi als Hauslehrer. Schließlich wirkt er dann aber doch als Hilfsprediger bei einem weiteren Onkel, dem Pastor Garnerus im emsländischen Plantlünne. Nach erfolgreichem Bestehen des Zweiten Theologischen Examens tritt er im Oktober 1900 eine Hilfspredigerstelle in Möhlenwarf an.

Als 1901 die Kirchenleitung in Aurich von ihm einen Bericht über das Leben in der Möhlenwarfer Gemeinde erbittet, um sich ein besseres Bild über die Notwendigkeit einer eigenständigen Pfarrstelle dort zu verschaffen, zeichnet Voget ein differenziertes (und empathisches) Bild über die soziale Situation der Landbevölkerung jener Gegend (in ihrer Mehrheit arme Landarbeiter). Ausdrücklich plädiert er dafür, dass die Gemeinde eine „eigene treue pastorale Pflege" erhalte und so nicht mehr „auf die sich immer mehr lockernde kirchliche Verbindung mit Weener angewiesen" ist. Viel verspricht sich der Hilfsprediger von einer „unermüdliche(n), möglichst einfach gehaltene(n) biblischen Unterweisung, eine(m) vorbildlichen Wandel in Liebe sowie eine(r) ununterbrochene(n) persönliche(n) Berührung des Pfarrers mit den einzelnen Gemeindegliedern, (...)" Sicherlich drückt sich hier bereits Vogets eigenes pastorales Dienstverständnis aus.

Anfang 1902 tritt Voget gemeinsam mit seiner Schwester Berta und seinem Bruder Gustav Garfield eine Überseereise in die Vereinigten Staaten an, wohin bereits drei ihrer Brüder ausgewandert waren. Der junge Prediger hat aber nicht die Absicht, sich auf Dauer in den Vereinigten Staaten niederzulassen, sondern möchte sich hier lediglich eine längere Erholungsphase gönnen und Erkenntnisse über das amerikanische kirchliche Leben gewinnen. Schwerpunktmäßig hält er sich an der Westküste in Oregon auf, zumal in diesem Bundesstaat zwei jüngere Brüder von ihm eine Farm bewirtschaften. Hans-Georg Ulrichs: „In Amerika studierte Voget die kirchlichen Verhältnisse, nahm die Religionsfreiheit und die konfessionelle und staatsunabhängige Pluralität wahr, wo Laien eine herausragende Rolle spielten, und wurde so ein ganz früher Ökumeniker. Im erwecklichen Milieu des Methodismus und freier Denominationen findet er seine geistliche Heimat. Gewiss wird er an der Westküste der USA direkt vom Beginn bzw. der Vorgeschichte der modernen Pfingstbewegung und der Zungenrede erfahren (Los Angeles 1906), sie vielleicht sogar unmittelbar erlebt haben, als dort schon vor 1906 urchristliche Charismen herbeigesehnt wurden." Für sich persönlich kommt Voget zu der Einschätzung, „dass meine besondere Anlage und Aufgabe auf dem Gebiete freier, evangelistischer Tätigkeit liegen dürfte".

Erst Anfang 1905 kehrt Voget nach Deutschland zurück – zusammen mit seiner Frau Emma, die er in Oregon kennengelernt und kurz vor der Heimreise geheiratet hat. Im Sommer desselben Jahres übernimmt er an der reformierten Kirche in Bunde die Stelle eines zweiten Pastors. Wenig später kommt es zu der oben erwähnten Erweckung in der Kirchengemeinde mit Ausstrahlung in weitere Gebiete des Rheiderlandes.

Doch der „erfolgreiche" neue Pastor stößt auch auf Widerstand. Vogets Schwager Oltmann äußerte später einmal: „Es hat damals Menschen gegeben, die in jener Erweckungsbewegung nur manche befremdende Äußerlichkeiten und gelegentliche schwärmerische Entgleisungen sahen und kritisch abseits stehen blieben. Sie haben nie das Entscheidende und Bleibende jener Zeit erkannt, in der das Wort Gottes als eine lebendige Kraft Gottes ungezählte Menschen packte und sie zur Anbetung der im Glauben erfahrenen Gnade Gottes brachte."

Einige Älteste aus seiner Gemeinde sowie weitere Bunder Bürger beklagten sich in einer Petition an die Auricher Kirchenleitung über Voget. Ihm wurde vorgeworfen, er habe einen nicht kompetenten Redner sprechen lassen und eine schismatische (abgespaltete) Gemeinde besucht. Voget musste sich vor einer Kommission rechtfertigen. Ihm wurde aufgetragen, künftig „nicht zu sehr seinen eigenen Weg zu gehen". Einige Jahre später geht in Aurich wieder eine Beschwerde ein, diesmal anonym. In ihm kreidet man dem Pastor an, er halte sich nach wie vor nicht von den „Versammlungen des Gesundbetens, Zungenredens und Bekenntnisablegens" fern.

Bei all dem ist erkennbar, dass Voget der „Pfingstbewegung",
die inzwischen auch in Deutschland da und dort gläubige
Christen erfasst hatte – zum Beispiel in innerkirchlichen
Gemeinschaftskreisen* – positiv gegenübersteht, ja sogar zu
einem ihrer Vertreter geworden ist. Mit der Pfingstbewegung
(auch „Zungenbewegung" genannt) betont auch Voget die
Bedeutung und Möglichkeit der konkreten, unmittelbaren
Wirksamkeit des Heiligen Geistes im Leben eines Christen,
wie sie sich etwa in den Charismen (Geistesgaben), von
denen der Apostel Paulus im 1. Korintherbrief 12-14 spricht,
manifestieren könne – wie etwa in der Erscheinung der
Glossolalie (dem Zungenreden).

* Dieter Lange definiert die Gruppierungen der deutschen Gemeinschaftsbewegung als „Gemeinschaften innerhalb der Kirchen", die „freiwillige
Vereinigungen von Christen (sind), die regelmäßig neben den kirchlichen
Veranstaltungen zusammenkommen zum Zweck der Evangelisation und
der gegenseitigen Erbauung mit Hilfe des volkstümlichen Zeugnisses von
der persönlichen Heilserfahrung in Jesus Christus und des gemeinsam
praktizierten Gebets". Die Gemeinschaftsbewegung hat ihre Wurzeln in der
reformatorisch-pietistischen Tradition einerseits sowie der Erweckungsbewegung und der angelsächsischen Evangelisations- und Heiligungs-
bewegung des 18./19. Jahrhunderts andererseits.

In Deutschland wurde damals in den landeskirchlichen
Gemeinschaften, aber auch in Freikirchen erbittert über die
Pfingstbewegung, in der es zu mancherlei Einseitigkeiten, Aus-
wüchsen und Fehlverhalten gekommen war, gestritten. Bis
man sich 1909 in einer Aufsehen erregenden Erklärung (der
sog. „Berliner Erklärung") mit scharfen Worten von ihr distan-
zierte. Voget jedoch blieb der Pfingstbewegung treu – zumindest dem eher gemäßigten Flügel. Er verblieb zwar weiterhin
als Pastor in seiner Landeskirche, fühlte sich zugleich aber
auch dem „Christlichen Gemeinschaftsverband Mülheim/Ruhr"
verpflichtet, der sich als Reaktion auf die Ablehnung der
„Pfingstler" durch die Mehrheit der im „Gnadauer Verband"
zusammengeschlossenen Gemeinschaftskreise gebildet hatte.
Nach den Worten seines späteren Präses Wolfgang Meißner,

„entwickelte sich der Verband (von Anfang an) als ein Mittelding zwischen kirchenangelehnter Gemeinschaft und Freikirche". Carl Octavius Voget wurde zu einer ihrer prägenden Führungspersönlichkeiten – auch durch seine vielen publizistischen Beiträge. Nach Ulrichs' Ansicht, hat Voget „mit großem persönlichen Engagement Spaltungen und Irritationen innerhalb der Bewegung zu überwinden und sie zum Dienst innerhalb der Landeskirchen zu bewegen (versucht); (…) Krisen innerhalb der Bewegung, die durch starken Enthusiasmus und unkonventioneller religiöser Ekstase (…) hervorgerufen wurden, trat er bereits in frühen Jahren mit einer die religiöse Begeisterung relativierenden Bußfertigkeit entgegen."

Wegen gesundheitlicher Probleme hatte Voget 1908 eigentlich einen Wechsel in eine kleinere ostfriesische Gemeinde angestrebt, dann aber den Wünschen seiner Bunder Gemeinde zum Bleiben nachgegeben. Im Folgejahr übernahm er sogar dort die erste Pfarrstelle. 1920 schied er jedoch aus dem Dienst seiner reformierten Kirche aus, um im schlesischen Brieg einer pfingstlerischen Gemeinschaft, die in eine schwere Krise geraten war, als Leiter zu dienen. Nachdem er die dortigen Verhältnisse geordnet und befriedet hatte, kehrte er 1924 nach Ostfriesland zurück und bezog in Weener seinen neuen Wohnsitz. Unermüdlich war er in der Folgezeit regional und überregional innerhalb der Pfingstbewegung tätig. Dann zog es ihn infolge seiner „Liebe zur angestammten Heimatkirche" wieder ins Pfarramt. 1929 beantragte er seine Wiederaufnahme als Pfarrer. Man verlangte von ihm, auf eine weitere Betätigung in der Pfingstbewegung zu verzichten. Was Voget ablehnte. Dennoch wurde er letztendlich am 6. Oktober als neuer Pastor der reformierten Gemeinde in Stapelmoor eingeführt.

Nach Paul Weßels genoss Carl Octavius Voget „hohes Ansehen unter seinen Kollegen" und war während der Anfangsphase des „Dritten Reichs" „für einige Zeit ein wichtiger Mittler des Landeskirchenvorstands und des Landes-kirchenrats und suchte danach mit seinen Amtsbrüdern gegenüber der Reichskirchenleitung eher den Weg der ‚neutralen' Distanz als den des offenen Widerstands."* Das Auftreten der „Deutschen Christen" sah er zunehmend kritisch. Sein Schwager Heinrich Oltmann bescheinigte Voget nach dessen Tod, dass er „das Wesen der mit dem Jahre 1933 einbrechenden Irrlehre und Gewalt ganz tief" erkannt habe, „wenn er wiederholt sagte: ‚Dahinter steht der leibhaftige Satan.'" Dennoch verhehlte Oltmann, der sich der Bekennen-den Kirche angeschlossen hatte, bei Vogets Beerdigung nicht, „dass wir beide in der Beurteilung des Weges, den wir heute im Dienst an der Kirche zu gehen haben, zeitweilig aus-einandergingen. (…) Wir waren einig in der Beurteilung(…), dass die Kirche einem konzentrischen antichristlichen Angriff gegenüber steht (…), einig in der Beurteilung (…), dass sie (gemeint ist die Kirche; M.H.) die Ordnungen Gottes verlassen hat (…) bei den Kirchenleitungen, die die Einfalt des bekennenden und praktisch handelnden Gehorsams gegen die Schrift so oft (haben) fehlen lassen, um durch kirchen-politische Berechnungen, durch behördliche Zweckmäßigkeits-erwägungen, durch Zurückschrecken vor den Göttern des Weltgeistes der Kirche eine Sicherung zu verschaffen, die doch keine Sicherung ist, weil der schlichte und praktische Gehorsam gegen das Wort des Herrn die einzige Sicherheit der Kirche ist. (…) Sein Ziel war die freie, d. h. die für das Evangelium freie Kirche in einem freien, d. h. für seinen gottgewiesenen Auftrag freien Staate. (…) Die Verschiedenheit der Erkenntnis zwischen uns ging um die Frage nach dem Wege, auf dem alle diese Anliegen (…) zu vertreten seien."

* Wie nicht wenige Pfarrer, so hatte auch Voget als national-konservativer Mensch die Machtübernahme der Nationalsozialisten im Jahr 1933 begrüßt. („Freiheit und Brot, das waren die beiden unentbehrlichen Volksgüter, die wir von Hitler erhofften für uns und unsere Kinder und weshalb wir ihm unsere Stimme gaben an den Tagen, da die Wahlurne über unseres Volkes Geschicke entschied.")

Wie Heinrich Oltmann, so ist auch Carl Octavius Voget früh verstorben. Er war Ende 1935 von einer schweren Krankheit heimgesucht worden, an der er schließlich am 9. September 1936 verstarb. Sein Schwager Oltmann stellte die Trauerpredigt ganz bewusst unter ein Wort aus dem Buch Daniel, welches an Vogets Todestag das Losungswort war: „Siehe, unser Gott, den wir ehren, kann uns wohl erretten aus dem glühenden Ofen. Und wo er's nicht tun will, so sollst du dennoch wissen, o König, dass wir deine Götter nicht ehren noch das goldene Bild anbeten wollen." Unter anderem führte Oltmann dann in seiner sehr persönlich gehaltenen Predigt über den Verstorbenen aus: „Du hast es uns leicht gemacht, an die Treue Gottes und an die Vergebung Jesu Christi zu glauben, weil wir von deiner Verkündigung und deinem lauteren, selbstlosen, demütigen Wesen den Eindruck gewannen, dass dir die Ehre Gottes über alles ging und dass du Gott durch ein unbegrenztes Vertrauen ehrtest, er könne uns wohl erretten aus Sünde und Tod. (…) Es ist der Gemeinde (…) nicht unbekannt geblieben, wie stark der Heimgegangene während seiner Krankheit damit gerechnet hat, Gott möge seinem Leben wie einst dem Leben des Hiskia noch eine Reihe von Jahren zusetzen. Und nun ist es doch anders gekommen nach dem weisen Rat des Heiligen Gottes. Unter heimgegangener Bruder hat mehr wie einmal in seinem Leben überraschende Hilfe in Krankheit durch das offensichtliche Eingreifen des Herrn erfahren. Er hat nicht in schwärmerischer Weise gemeint, dass die Heilung von Krankheit in jedem Fall für den Glaubenden ebenso da sei wie die Vergebung der Sünden. Es war ihm ganz deutlich, dass Glaubensheilungen für die Gemeinde Jesu nicht die Regel sind, sondern das ‚Zeichen' des aufgehobenen Finger Gottes, der Hinweis: ‚Nur getrost! Ihr, die ihr in diesem Äon schon die Erlösung von Sünde und Schuld im Glauben nehmen dürft, die kommende Erlösung vom Leibe des Todes dürft ihr bestimmt erwarten. Um diese neue Erwartung auf die kommende Erlösung vom Leibe des Todes zu stärken, richtet der gegenwärtige Christus durch gelegentliche Krankenheilungen ein ‚Zeichen' auf in seiner Gnade.' (…) Unser Bruder hat nie vergessen, dass über all seinem Hoffen und Glauben der heilige Wille des allein weisen Gottes stehe, der oft ein verborgener Gott bleibt in der Lebensführung seiner Kinder. So war denn auch sein Ende ein Ende im Frieden Jesu, ohne Anfechtung oder Erschütterung seines Glaubens."

**Special:**

### Erweckung im Rheiderland

Anhand der plastischen Schilderungen von Heinrich Oltmann als Augen- und Erlebniszeugen erhalten wir ein anschauliches, lebendiges Bild der von Bunde ausgehenden Erweckung jener Tage. In seiner Trauerpredigt bei der Beerdigung seines Schwagers Voget erwähnte er, „dass heute nach dreißig Jahren noch viele Männer und Frauen in vielen Gemeinden des Rheiderlandes leben, die es dankbar mit mir bekennen: Damals war die Zeit der gnädigen Heimsuchung Gottes in unserem Leben. Damals fingen wir an, zu erkennen und zu bekennen: ‚Das ist mein einziger Trost im Leben und im Sterben, dass ich mit Leib und Seele, beides im Leben und im Sterben, nicht mein, sondern meines getreuen Heilandes Jesu Christi eigen bin, der mit seinem teuren Blut für alle meine Sünden vollkömmlich bezahlt hat.'"

Auch wenn nach Oltmanns Ansicht, „jede Erweckung ein Wunder Gottes ist", so stellte er doch die Frage: „Wie kam das eigentlich? Was gab der Predigt des Wortes solche Macht, dass die große Bunder Kirche nicht bloß in den Bänken, sondern oft auch in den weiten Gängen Sonntag für Sonntag voll war von Menschen, die nicht bloß saßen und hörten, sondern sich persönlich von Christus gefordert wussten? (…) Woher kam es, dass starke Männer später bekannten, sie hätten mit geballten Fäusten auf der Kirchenbank gesessen und seien doch immer gekommen, weil sie das Wort nicht losgelassen habe? Woher kam es, dass gerade die heranwachsende Jugend in Scharen unter die Verkündigung des Evangeliums eilte? Oder woher kam es denn, dass damals in einer politischen Volksversammlung in Weener, in der die Bibel geschmäht und Christus gelästert wurde, über die verhetzten, tobenden Menschen eine tiefe Stille kam, als der junge Pastor aus Bunde in der Aussprache das Wort nahm? Hatte er eine Botschaft zu verkündigen, die neu war? Nein, er verkündigte die alte Botschaft von dem Christus, der für uns Gottlose gestorben ist! (…) Unter seiner Verkündigung hatte man den besonderen Eindruck: da kämpft ein Mann mit brennendem Herzen für Christus und die Brüder um nichts anderes, als um Anerkennung der Ehre Gottes! Da steht ein Mann, der ein unbegrenztes Vertrauen hat zur Allmacht des Wortes Gottes, das auch heute Zweiflern Gewissheit, Gebundenen Freiheit, Sündern Vergebung, Todgeweihten lebendige Hoffnung einer seligen Auferstehung schenkt! Da macht einer Ernst mit der Gewissheit, dass der lebendige Christus wirklich in seiner Gemeinde gegenwärtig ist wie in den Tagen des Anfangs der Kirche Christi auf Erden! Dem da auf der Kanzel ist das Zeugnis ,Jesus Christus, gestern, heute und derselbe in Ewigkeit' kein erbaulicher Spruch, an dem das religiöse Gefühl sich erfreut, sondern das Brot, von dem er lebt, die Luft, in der er atmet, der Boden, auf dem er täglich steht." Carl Octavius Voget habe „schon am Anfang seines Dienstes ungezählte Männer und Frauen des Rheiderlandes zur Erkenntnis der ewigen Wahrheit geführt, denen er ein geistlicher Vater geworden ist." Auch in den Nachkriegsjahren des Ersten Weltkriegs habe es „hin und her in Ostfriesland" Erweckungszeiten gegeben, doch „die weitreichendste Erweckung, die ich in meinem Leben kennengelernt habe", so Oltmann, „war die, die bald nach dem Dienstantritt des Pastors Carl Octavius Voget anbrach, von Bunde ausgehend, nach Stapelmoor weitergehend und bald über den großen Teil des Rheiderlandes sich ausbreitend".

In seinem autobiografischen Aufsatz „Jan Friesemann" berichtet Heinrich Oltmann davon, wie in seiner Gymnasiastenzeit „hin und her Menschen mit dem Zeugnis (aufstanden), sie seien jetzt erst in Wahrheit Christen geworden. Da waren Menschen, bei denen in der äußeren Lebenshaltung eine radikale Wende eingetreten war, die nicht verborgen bleiben konnte. Es waren aber auch andere. Es gab Menschen unter ihnen, die (…) – soweit Menschen urteilen konnten – in ernster, christlicher Haltung ihr Leben geführt hatten. Und doch war etwas ganz anderes in ihr Leben gekommen, etwas Bestimmtes, Kraftvolles, Freudiges. Auffallend war, dass sich unter ihnen so viele junge Menschen befanden. Bald sprach man über diese Vorgänge in den Familien und auf den Arbeitsstätten, in der Bahn und in den Gastwirtschaften, auch unter den Schülern des Gymnasiums."

Der Pennäler hört von all diesen Dingen zunächst zu Hause, wenn seine Eltern sich daheim darüber mit Bekannten austauschen: „In Freude und Ehrfurcht sprachen sie davon als von Taten Jesu in unseren Tagen." Doch der Junge wird im Verkehr mit anderen auch gewahr, dass es auch Personen gibt, die auf jene Vorgänge mit Spott und Ablehnung, wenn nicht gar mit Hass reagieren. Eine „seltsame Unsicherheit" erfasst ihn. Besonders wurde er von ihr befallen, „wenn die Welle des Spottes und der Feindschaft sich ergoss über Kameraden aus der eigenen Mitte, die sich zu Christus bekannten. *Sie* waren dann nicht befangen und unsicher wie er. Sie wussten ihre Überzeugung in kraftvoller Haltung zu vertreten und brachten ihre Gegner oft zum Schweigen. (…) Ihre feste, frohe Haltung verriet ihm, dass diese Kameraden von der Kraft eines ihm unbekannten Geheimnisses lebten. Wie oft verstummten unsaubere Gespräche (…) in der Klasse, sobald jene Kameraden eintraten. Wie beschämte ihre unbestechliche Wahrhaftigkeit die, die durch Täuschen und

Mogeln das gut zu machen versuchten, was sie durch Mangel an Treue und Fleiß versäumt hatten."

Da packt schließlich „Jan Friesemann" (= Heinrich Oltmann) ganz existenziell die Frage: „Wohin gehöre ich eigentlich? Bin ich für oder wider Christus?" Wie es dann auch bei ihm persönlich zur Bekehrung kam, davon berichtet Oltmann so: „Wie die Eltern ihn nie zum Kirchgang genötigt hatten, so hatten sie ihn bisher auch nicht aufgefordert, sie zu begleiten in die Versammlungen, die bald neben dem sonntäglichen Gottesdienst hin und her stattfanden. Eines Abends aber schloss Jan Friesemann sich einer Schar junger Männer an, die zur ‚Erweckungsversammlung' gingen. An jenem Abend sprach ein Zimmermann. Er sprach schlicht, aber mit einer Überzeugungskraft, die die Versammlung spürbar packte. (…) Er legte in großer Schlichtheit ein Bibelwort aus. Alles, was er sagte, war (…) eine unausweichliche Forderung zur Entscheidung: Für oder wider Christus! Eine seltsame Bewegung ging durch die Versammlung, in der Männer und Frauen aller Stände, jung und alt sich zusammengefunden hatten. Als die Versammlung beendet war und die Menschen in Gruppen oder einzeln nach Hause gingen, da lag über der flutenden Menge ein tiefes Schweigen. Still löste Jan Friesemann sich von seinen Kameraden und suchte allein seinen Weg nach Hause. In seinem Innern stürmte es: Für oder wider Christus? Wohin gehörte er eigentlich? (…) In dieser Nacht fand Jan Friesemann wenig Schlaf. (…) Er sann und sann, ob er keine Klarheit fände. Bis er die Hände faltete zum Gebet. (…) Sein Beten war wie ein Schrei eines bedrängten Kindes: ‚Herr Jesus, hilf mir zur Klarheit! Hilf mir zur klaren Gewissheit, dass ich zu denen gehöre, die für dich sind!' Und nun erging es ihm seltsam. Sein bisheriges Leben zog an seinem inneren Auge vorüber. Zum ersten Male sah er, dass nicht Christus, sondern er selbst im Mittelpunkt seines Lebens stand. Das, was er bisher als ‚Christentum' seines Lebens gekannt hatte, war nur schmückendes Beiwerk, (…) Er hatte Christus verehrt, wie er andere große Männer der Vergangenheit verehrt hatte. Christus aber war ihm nicht der Herr gewesen, der über sein tägliches Leben Verfügungsgewalt hatte. (...) Jetzt wurde es ihm ganz klar, dass das, was er bisher Schwäche, Unvollkommenheit, Versagen genannt hatte, nur die notwendige Folge jener Selbstbezogenheit war, die die Bibel Sünde nannte. (...) Nun wusste er, dass er Vergebung brauchte als ein Mensch, der bisher den Herrschaftsanspruch des rechtmäßigen Herrn über sein Leben nicht ernst genommen hatte. Die Gnade, die Jan Friesemann in jenen Nachtstunden empfing, war die persönliche Gewissheit: ‚Christus für mich.'"

Heinrich Oltmann war nach eigenem Bekunden „jetzt ein Mensch geworden, der Schwerpunkt und Zielpunkt seines Lebens in Christus gefunden hatte". Wenn er nun betete, „dann geschah es mit jener Freude und Gewissheit, mit der ein Kind zum Vater redet". Die Bibel war für ihn kein „langweiliges Buch" mehr. Einmal in der Woche traf er sich mit anderen abends in der Dachstube eines Schneiders zur gemeinsamen Bibellektüre mit anschließendem Austausch. Zu dieser Bibelgruppe gehörten zwei junge Kaufleute, ein Landarbeiter, ein Schuster und ein Maler sowie zwei seiner eigenen Mitschüler. Im sonntäglichen Gottesdienstbesuch erlebte er „unter sündigen, vergänglichen Menschen die Wirklichkeit der Gemeinde Christi, (...) Er hatte Heimat gefunden. (...) Nun wusste er, wohin er gehörte. Hinfort konnte er nicht mehr ohne Christus sein."

# Literatur- und Quellennachweis

Dieter Lange: Eine Bewegung bricht sich Bahn. Die deutschen Gemeinschaften im ausgehenden 19. Und 20. Jahrhundert und ihre Stellung zu Kirche, Theologie und Pfingstbewegung. Berlin/Gießen 1979 (bes. 15f, 194)

Heinrich Oltmann: Jan Friesemann. In: Für oder wider Christus. Hrsg. von Alexandrine Schmidt bzw. MBK Verlag, Bad Salzuflen o. J., S. 7-12

Heinrich Oltmann: Trauerpredigt zum Tode von Carl Octavius Voget. In: Chr. Krust: 50 Jahre deutsche Pfingstbewegung. Altdorf o. J., S. 211-217

Wolfgang Meißner: Der Christliche Gemeinschaftsverband Mülheim/Ruhr. In: H.-B. Motel (Hrsg.): Glieder an einem Leib. Freikirchen in Selbstdarstellungen. Konstanz 1975, S. 248-263

Hans-Georg Ulrichs: Ein reformierter Charismatiker. Der Weg Carl Octavius Vogets zwischen reformierter Tradition und pfingstlerischem Aufbruch. In: H.-G. Ulrichs: Reformierter Protestantismus im 20. Jahrhundert. Göttingen 2018, S. 313-325 (s.a. S 383-405)

Hans-Georg Ulrichs: Carl Octavius Voget. BLO III, Aurich 2001, S. 416-419 oder www.ostfriesischelandschaft.de>user_upload>BIBLiOTHEK>BLO>carl-octavius-voget

Hans-Georg Ulrichs: Von Armut und Mystizismus der Landarbeiter und dem Egoismus der Bauern. In: Der Deichwart. Januar 2001, S. 1f (Beilage der Zeitung „Rheiderland")

Paul Weßels: „...für oder wider Christus!" – Heinrich Oltmann, Carl Octavius Voget und die Erweckungsbewegung in Bunde 1905/1906. In: Der Deichwart. Mai 2001, S. 1-3 (Beilage der Zeitung „Rheiderland")

Paul Weßels: „...übertrieben streng religiös..." – Friedrich Julius Voget (1843-1940). In: Der Deichwart, September 2001, S. 1-4 (Beilage der Zeitung „Rheiderland")

Paul Weßels: Nicht hoffnungslos, sondern handelnd. Heirich Oltmann (1892-1937). Ein reformierter Pastor im Kirchenkampf. Wuppertal 2002 (bes. S. 31-34, 48-50, 93f, 227, 259f, 261-264, 283-286, 292-295, 297, 347)

# Harm Willms – Theologe im Bauernrock

„Theologe im Bauernrock" wurde Harm Willms von seinem Biografen Theodor Duprée genannt. Er war von 1858 bis 1893, d. h. über einen Zeitraum von 35 Jahren, Ältester und Prediger der im Jahr 1846 gegründeten Baptistengemeinde in Ihren, die die Muttergemeinde sämtlicher ostfriesischer Baptistengemeinden ist. Nicht zu Unrecht wurden ihm „außerordentliche Geistesgaben und Charaktereigenschaften" bescheinigt. Die hohe Wertschätzung, die Willms genoss, wird auch in dem Vorwort deutlich, das der oben erwähnte Theodor Duprée seinem Lebensbild zu Harm Willms vorangestellt hat. In ihm bekennt der Verfasser, dass jener den „Mittelpunkt" einer seiner „teuersten Jugenderinnerungen" gebildet habe, und fährt dann fort: „Ich gedenke lebhaft eines Gesprächs zwischen meinen etwas älteren Brüdern und mir, als ich neun Jahre zählen mochte. Wir unterhielten uns über den hohen Wert unsres würdigen Predigers Willms und wurden dahin einig, dass er einmal im Himmel wohl jedenfalls einen höheren Platz einnehmen würde als Luther. So erhaben stand sein Bild vor unsrer Kindesseele dar!"

Dass Harm Willms aber nicht nur eine bei den Baptisten verehrte Persönlichkeit war, sondern auch von vielen anderen hochgeschätzt wurde, das lässt sich aus Duprées Schilderung von Willms' Begräbnistag sehr schön erkennen. So seien an jenem 7. August 1893 „Scharen aus allen Teilen Ostfrieslands, aus Holland und Oldenburg" in Ihrhove zusammengekommen, um dem Ihrener Prediger die letzte Ehre zu erweisen. „Das ganze Dorf", so Duprée, „bezeugte seine Teilnahme an der Trauer über den Tod des Heimgegangenen, der als biederer Nachbar und uneigennütziger Menschenfreund von jedermann geschätzt war; der gar manchem in Nöten und Schwierigkeiten ein zuverlässiger Berater und den Organen der bürgerlichen Gemeindeverwaltung bei verwickelten Angelegenheiten immer eine sichere Stütze gewesen war. Der Schullehrer des Ortes setzte ihm in der Tageszeitung durch einen (…) Artikel ein ehrendes Denkmal. In der ganzen Umgegend wurde sein Tod als ein schwerer Verlust beklagt, denn er hatte eine förmliche Berühmtheit genossen als Rechtskundiger, zu dem man ging, um in Gerichtssachen guten Rat zu holen."

Harm Willms ist am 31. Oktober 1822 in Ihrhove geboren worden. Sein Vater hatte eine niedere Beamtenstelle inne und betrieb nebenher noch eine kleine Landwirtschaft. Als Harm zwölf Jahre alt war, erklärte der Lehrer der Dorfschule, dass ihm der begabte Schüler über den Kopf gewachsen sei. Der Ortspfarrer legte daher Harms Eltern nahe, dass ihr Sohn unbedingt eine weiterführende Schule besuchen und Theologie studieren müsse, um einmal Pastor zu werden. Er sei sogar bereit, die hierfür benötigten Mittel zu beschaffen. Da jedoch der Junge eine überaus schmächtige Stimme hatte, scheiterte das Vorhaben. Denn als Pastor muss man sich nun mal Gehör verschaffen können – zumal auf der Kanzel! (Wie Duprée anmerkt, behielt Willms „die dünne Stimme bis in sein Mannesalter hinein. Aber als er in einer Versammlung der Baptisten zum ersten Mal seinen Mund zum Predigen öffnete, nahm er plötzlich mit Staunen wahr, dass seine Stimme stark und kräftig war." Sie sei so auch geblieben blieb bis an sein Ende.)

Harm wird zu einem Bauern in Dienst gegeben. Als Jugendlicher genießt er unter seinen Altersgenossen hohes Ansehen. Er ist stark und sportlich und steht im Ruf, ein besonders schneller Schlittschuhläufer zu sein. Aber auch seine mathematischen Fähigkeiten werden bewundert. Er lässt sich überreden, mit einem jungen Lehrer aus einem Nachbardorf, dem ein großes Wissen nachgesagt wird und der später auch zum Dr. phil. promovieren und zum Direktor eines Seminars aufsteigen sollte, in eine Art von privatem Rechenwettkampf zu treten. Dabei versteht er es, sämtliche Aufgaben, die der Lehrer ihm vorlegt, mühelos zu lösen, während andererseits sein Gegner bei einer Aufgabe, die Harm ihm stellt, passen muss.

Bald schon betreibt Harm Willms als selbständiger Landwirt einen Hof. Neben der Arbeit beschäftigt er sich aber auch intensiv mit religiösen Fragen und liest neben der Bibel so manches erbauliche Buch. Denn er möchte ein Gott wohlgefälliges Leben führen und sein Seelenheil nicht versäumen. Doch er findet keine Gewissensruhe und keinen inneren Frieden. So sehr bedrängt ihn die innere Unruhe, dass er eines Tages – er ist gerade beim Dreschen – seine Arbeit unterbricht und sich zu Boden wirft und im Gebet Gott um Vergebung und Gnade anfleht. Nachdem er lange mit Gott gerungen hat, steht er auf und nimmt Luthers Vorrede zum Römerbrief in die Hand. Und diesmal liest er den ihm bekannten Text mit ganz neuen Augen: „Er sah", so schildert es Duprée, „dass alles Abmühen und Arbeiten vergeblich sei! Als den Hafen, in welchem seine sturmbewegte Seele ankern konnte, erblickte er nun die Gnade Gottes in Christo. Dieser Gnade warf er sich rückhaltlos in die Arme." Dabei wird sein Herz „im Glauben an den Gekreuzigten und Auferstandenen" mit einem tiefen Frieden erfüllt.

In Ihren bestand seit kurzem eine Baptistengemeinde. Es bleibt natürlich nicht aus, dass Willms mit den Baptisten, die missionarisch sehr rege sind, in Kontakt kommt. Schließlich kennt auf dem Land jeder jeden. Längere Zeit widersetzt er sich entschieden der baptistischen Tauflehre und -praxis. Bis er eines Tages doch von ihrer Richtigkeit innerlich überzeugt ist und sich am 21. November 1853 nun auch selbst taufen lässt.

Wer aber ganz und gar nicht mit Willms' Konversion überein-stimmte, das war seine eigene Frau. Sie ist über den Schritt ihres Mannes derart erbost und erzürnt, dass sie als Erstes ein Bett im Hinterhaus aufstellt. Dann macht sie ihrem Ehegatten unmissverständlich klar, dass fortan er oder sie hier schlafen müsse, keinesfalls aber beide zusammen weiterhin im ehelichen Schlafzimmer. Sie seien von nun an geschiedene Leute! Anstandslos, wenn auch in großer Traurigkeit über das Verhalten seiner eigenen Ehefrau, erklärt sich Harm Willms bereit, mit dem Ausweichquartier vorlieb zu nehmen.

Doch das ist noch nicht alles! Der Ehemann muss nun auch ständig wüste Beschimpfungen über sich ergehen lassen, darin gipfelnd, dass er und überhaupt alle Baptisten Verbündete des Teufels seien. Und wenn Harm Willms nach einem abendlichen Treffen mit seinen neuen Glaubensgeschwistern wieder nach Hause kommt, so ist oftmals die Haustür verriegelt. Doch auch das (er)trägt der Mann in Sanftmut: So lange es Sommer ist, übernachtet er im Freien auf einer Wiese. Nachdem endlich die Schwiegermutter beschwichtigend auf ihre Tochter einwirken konnte, erklärt diese sich eines Tages dann doch bereit, ihren Mann wieder im gemeinsamen Schlafzimmer aufzunehmen. Und auch wenn sie nun friedsamer geworden ist, – sobald andere Baptisten es wagen, Harm Willms zu besuchen, werden sie von der Hausfrau mit spürbarer Verachtung und Ignoranz gestraft, sodass ihr Ehemann seine Gäste selber bewirten muss. Aber selbst dann kann es geschehen, dass seine Frau die Speisen einfach wieder vom Tisch abräumt. Als sie nun eines Tages mitbekommt, wie ihr unglücklicher Mann in seiner großen Not und Verzweiflung (wieder einmal) sein Herz vor Gott ausschüttet, da endlich erfasst sie eine tiefe Reue. Aufrichtig fleht sie nicht nur ihren Ehegatten, sondern auch Gott um Vergebung ihrer Schuld an. Man kann sich vorstellen, dass sich schon bald die Kunde von der Bekehrung von Harm Willms' Ehefrau wie ein Lauffeuer im ganzen Ort ausbreitete.

Bereits zwei Jahre nach seiner Taufe wurde Willms zum Gemeindediakon gewählt und wiederum drei Jahre später – am 31. Oktober 1858 – als Prediger und Ältester der

Gemeinde ordiniert. Das lässt erkennen, dass die Gemeinde von Anfang an nicht nur die Integrität und charakterlichen Vorzüge ihres neuen Gemeindegliedes erkannte, sondern auch seine großen geistigen und geistlichen Fähigkeiten.

Der Ihrener Älteste und Prediger war nicht nur ausgesprochen „bibelfest", er war auch ganz allgemein in theologischen Fragen versiert. In seinem kleinen Studierzimmer waren sämtliche vier Wände von oben bis unten mit Büchern bedeckt. Und da er überdies ein glänzender Disputant war, so verwundert es wenig, dass er sich auch zur Tauffrage in deutschen und holländischen Streitschriften unüberhörbar zu Wort meldete. Der Gründer des deutschen Baptismus, Johann Gerhard Oncken, war von den auffallenden Begabungen des ostfriesischen Bauernpredigers so angetan, dass er diesen zu überreden versuchte, nach Hamburg überzusiedeln, um an der dortigen Gemeinde eine Predigerstelle zu übernehmen und gleichzeitig an dem baptistischen Ausbildungseminar als Lehrer zu fungieren. Doch der bescheidene, bodenständige Ostfriese wollte seine Landgemeinde nicht im Stich lassen. Auch war ihm seine Unabhängigkeit wichtig. Lediglich für einige Wochen im Jahr war er bereit, an der Hamburger Missionsschule zu unterrichten.

Während einer Predigt widerfuhr Willms einmal eine außergewöhnliche geistliche Erfahrung. Er wollte an dem Tag über den Text predigen: „Ehre sei Gott in der Höhe!" Plötzlich sinkt er beim Verlesen dieser Stelle wie ohnmächtig auf seinen Sitz nieder. Einige Männer springen zu ihm hin, um ihm wieder aufzuhelfen. Da ist er jedoch schon wieder zu sich gekommen und gebietet den Männern sich zurückzuziehen. Erneut liest er die Worte „Ehre sei Gott in der Höhe", – und wiederum versinkt er in den vorherigen Zustand. Das Gleiche geschieht ein drittes Mal, wobei jedes Mal seine „Verzückung" länger andauert. Anschließend aber predigt er „mit so himmlischer Begeisterung über die Ehre Gottes, dass eine Ehrfurcht einflößende Ahnung von dem, was er im Geiste geschaut haben mochte, sich aller Gemüter in der Versammlung bemächtigte" (Duprée).

Harm Willms vertrat den homiletischen Grundsatz, dass die Predigt „voll und ganz Auslegung der Schrift" zu sein habe, „und zwar Auslegung der Schrift mit der Schrift". Auch war er bemüht, die Zuhörer bei der Schriftauslegung auf Dinge und Wahrheiten zu stoßen, die sie bis dahin so noch gar nicht bewusst wahrgenommen hatten. „Kein Wunder", so Duprée, „wenn (…) die Gemeinde begierig nach den Predigten des großen Bibelkenners und scharfsinnigen Denkers (war). Aber er war nicht nur ein erfolgreicher Lehrer der Gemeinde, sondern auch ein gewaltiger Evangelist, der die Dörfer der ganzen Umgegend in Aufregung brachte."

Und so blieben auch Anfeindungen nicht aus. Einmal flogen Steine durchs Fenster, wobei einer mit großer Wucht auf den Kopf des Predigers zukam, diesen aber zum Glück verfehlte, da Willms gerade in diesem Moment eine für ihn vorteilhafte Bewegung machte. Ein anderes Mal, als Harm Willms gemeinsam mit seinem Amtsbruder P. J. de Neui in einem Dorf eine Versammlung abhielt, kam es am Schluss des Gottesdienstes zu einem wüsten Getümmel. Der anwesende Ortspfarrer hatte schon vorher eine Schar junger Leute derart gegen die Baptisten aufgehetzt, dass diese Burschen nun mit verschiedenen Gegenständen nach den Predigern warfen. Wobei ein Mann mit einer mit spitzen Zinken versehenen Wollhechel mit aller Macht gegen einen der beiden ausholte und ihn womöglich auch tödlich getroffen hätte, wenn ihm nicht eine Frau beherzt in den Arm gefallen wäre. Erschrocken über dieses Ausmaß an Gewalt, brachte der Pfarrer die aufgewühlte Menge schließlich mit Donnerstimme zur Ruhe, nahm höchstpersönlich Willms und de Neui beim Arm und geleitete sie sicher nach draußen.

Die reiche und vielfältige Begabung Harm Willms' zeigte sich auch auf musikalischem Gebiet. Um den Gemeindegesang zu heben, unterrichtete er eine Zeitlang die jungen Gemeindeglieder an den Winterabenden in Notenkunde. Um ihnen das komplizierte Notensystem verständlich zu machen, entwickelte er eine eigene Lehrmethode. Auf einer Wandtafel wusste er die Notenlehre so anschaulich zu vermitteln, dass schon nach zwei oder drei Unterrichtsstunden seine „Schüler" die Noten, mit denen sie zuvor nichts anzufangen wussten, verstanden hatten. Diese Notenkenntnisse dürften wohl auch die Grundlagen für den Gemeindechor geschaffen haben, der Willms seine Entstehung verdankt.

Eines Tages hatte der „Jünglingsverein" der Baptistengemeinde beschlossen, einen eigenen Posaunenchor zu gründen. Die übungswilligen Leute wurden daraufhin von einem Fachmusiker unterrichtet. Doch bereits nach zwei, drei Unterrichtsstunden gaben sie das Üben entnervt auf, da sie sich von ihrem Lehrmeister überfordert fühlten. Da nahm Harm Willms, der an Musikinstrumenten nur die Querflöte spielte, das Ganze selbst in die Hand. Und tatsächlich lernten die jungen Männer schon bald ihre Posaunen zu beherrschen. Dirigiert von Willms, konnten sie nun im Gottesdienst die Choräle begleiten.

Im Jahr 1893 erkrankte Harm Willms so sehr, dass er sich im Krankenhaus einer schweren Operation unterziehen musste. Doch der Eingriff verschlimmerte noch die Lage des Kranken, da es bei ihm zu inneren Verletzungen gekommen war, die sich nun entzündeten. Bis zu seinem Tod leidet Willms unsäglich. Besuchern kann er auf der Frage nach seinem Ergehen nur stammeln: „Pein, Pein." Sein Vertrauen aber auf die ihm durch Christus erwirkte Gnade bleibt ungebrochen bis zu seiner Todesstunde am 3. August 1893. Die ihn pflegende Krankenhausschwester meinte später von dem Verstorbenen, dass sie „noch nie einen solchen Kranken gesehen" hätte. „Diese Bescheidenheit in seinen Wünschen, diese Dankbarkeit für die geringste Hilfeleistung, diese sanftmütige Geduld in seinen, nach der Aussage des Arztes unerträglichen Leiden geht über meine Begriffe." Die Baptistengemeinde Ihren aber hatte mit Harm Willms einen selten begabten Gemeindeältesten und -prediger verloren.

## Special:

## Unterdrückung und Ausbreitung der Baptisten in Ostfriesland

Die Baptisten zählen zu den Freikirchen. Sie sehen die Säuglingstaufe als nicht biblisch begründet an, sondern praktizieren die sogenannte Glaubens- oder Gläubigentaufe. Das bedeutet, dass die Taufanwärter, die im entscheidungsfähigen Alter angeben, persönlich an Jesus Christus zu glauben und ihm nachfolgen zu wollen, aufgrund des Bekenntnisses ihres Glaubens entweder im Freien (in einem Fluss oder See) oder aber (in der Regel) in dem in den baptistischen Kirchen oder Kapellen für diesen Zweck angelegten Baptisterium getauft werden. Seit den Vierzigerjahren des letzten Jahrhunderts sind in Deutschland die Baptistengemeinden mit einem Teil der „Brüdergemeinden" im Bund Evangelisch-Freikirchlicher Gemeinden zusammengeschlossen.

Als Gründer des deutschen Baptismus gilt Johann Gerhard Oncken (1800-1884). Er wurde am 26.1.1800 in Varel geboren, wo er als uneheliches Kind in ärmlichen Verhältnissen aufwuchs. Er war daher froh, als er mit vierzehn Jahren von einem schottischen Kaufmann, der sich gerade in dem kleinen Ort am Jadebusen aufhielt, um ausgebliebene Gelder einzutreiben, als Kaufmannsgehilfe an- und auf die ausgedehnten Geschäftsreisen seines neuen Lohnherrn mitgenommen wurde. Während eines längeren Aufenthalts in London nun kam Oncken 1820 in Kontakt mit einem frommen Ehepaar, das einer von der anglikanischen Staatskirche losgelösten, unabhängigen Independenten-Gemeinde angehörte. Die Teilnahme an einer Familienandacht, in der der Hausvater in einer sehr innigen Weise um die Bekehrung seines jungen Gastes betete, sowie anschließende Gottesdienstbesuche in der freikirchlichen Gemeinschaft der Independenten ergriffen das Herz und Gewissen des deutschen Kaufmannsgehilfen tief und nachhaltig. Ein weiteres geistliches Schlüsselerlebnis widerfuhr ihm dann bei einem erneuten Aufenthalt in London im gleichen Jahr. Während einer Predigt in einer Methodistenkirche über Römer 8,1 („So gibt es nun keine Verdammnis für die, die in Christus Jesus sind") fühlt sich Oncken „in die herrliche Freiheit der Kinder Gottes (versetzt). Der Schöpfer meines neuen Lebens legte einen reichen Segen auf dieses Zeugnis, dass ich von der Kapelle jauchzend und unaussprechlich glücklich heimging."

Der Jungbekehrte brennt nun darauf, auch anderen Menschen das Heil in Jesus Christus zu bezeugen und sie zur Umkehr und Neuorientierung ihres Lebens aufzurufen. Nicht nur in persönlichen Gesprächen ist er darum bemüht, sondern auch durch das Austeilen von christlichen Traktaten. Nachdem er 1823 seine kaufmännische Tätigkeit aufgegeben hat, ist er in den nächsten Jahren als Missionsarbeiter (Agent) verschiedener Missions- und Bibelgesellschaften tätig. Zunächst in Hamburg, wo er im Hafenviertel predigt und Mitbegründer einer Sonntagsschularbeit ist. Da er durch intensives Bibelstudium inzwischen von der Gläubigentaufe und einem freikirchlichen Gemeindemodell überzeugt ist, lässt er sich zusammen mit sechs weiteren Personen am 22. April 1834 in der Hamburger Elbe taufen. Die Taufe vollzog der amerikanische Professor und Baptistenpastor Barnas Sears, der in jenem Jahr studienhalber verschiedene Universitäten in Deutschland aufsuchte. Bereits am nächsten Tag versammelten sich die Getauften in Onckens Wohnhaus, wo sie sich in Gegenwart von Sears zur ersten deutschen „Gemeinde getaufter Christen" konstituierten. Gleichzeitig ordinierte der Amerikaner Johann Gerhard Oncken zum Prediger dieser neu entstandenen christlichen Gemeinschaft.

Die zweite deutsche Baptistengemeinde konnte 1837 in Berlin gegründet werden. Ihr Vorsteher und Prediger wurde Gottfried Wilhelm Lehmann, der schon bald neben J. G. Oncken und dem Judenchristen Julius Köbner zu den führenden Gestalten des frühen deutschen Baptismus zählte.* Dank der rastlosen Reisetätigkeit Onckens entstehen nun schnell weitere Baptistengemeinden in Deutschland und anderen europäpschen Ländern. Bei der Ausbreitung der Baptisten in Ostfriesland nun sollte die 1846 gegründete baptistische Landgemeinde Ihren (Westoverledingen) eine herausragende Rolle spielen. Wie es dazu kam, soll jetzt dargestellt werden.

* Der Vater von G. W. Lehmann (1799-1882), Gottfried Arnold Lehmann, ist 1766 in Leer geboren worden, zog später aber nach Hamburg und Berlin. Er war ein sehr begabter Maler und Kupferstecher. Reproduktionen seiner ostfriesischen Motive findet man noch heute im Leeraner Rathaus. Sein 1799 in Hamburg geborener Sohn Gottfried Wilhelm wurde mit 14 Jahren zu einem Onkel in Leer geschickt, bei dem er das Sattlerhandwerk erlernte. Anschließend ließ er sich in Berlin nieder, wo er sich zum Kupferstecher und Lithografen ausbilden ließ. Nach seiner Gläubigentaufe im Jahr 1837 diente G. W. Lehmann nicht nur der ersten Baptistengemeinde in Berlin als Prediger und Vorsteher, sondern übte auch ganz allgemein großen Einfluss auf die Entwicklung der baptistischen Bewegung in Deutschland aus. Sein Sohn Joseph berichtete später, dass sein Vater in Leer „in seinen Jünglingsjahren zum Glauben gekommen (war) und mancherlei Verbindungen zu Gleichgesinnten angeknüpft (hatte), die er durch Korrespondenz und durch Besuche, die er von Zeit zu Zeit in Leer machte, vertiefte".

Im Jahr 1827 befand sich Johann Gerhard Oncken auf einer Reise von seinem Wohnsitz in Hamburg in die Niederlande. In Leerort musste er die Ems mit einer Fähre überqueren. Dabei verteilte er nach seiner Gewohnheit an die Passagiere christliche Traktate. Der Missionseinsatz sollte nicht folgenlos bleiben, wie ein Bericht Onckens viele Jahre später (1855) zeigt: „Bei der Rückreise durch Leer", so erfahren wir, „fand ich zu meiner Freude, dass der daselbst ausgestreute Same schon soweit Frucht getragen, dass einige Gläubige der Staatskirche in Leer den Wunsch geäußert hatten, mich persönlich kennen zu lernen. Dies als einen Wink des Herrn betrachtend, blieb ich ein paar Tage daselbst und lernte einige sehr liebe, gläubige Seelen kennen, (…) die bereit waren, in Ausstreuung des göttlichen Samens hülfreiche Hand zu leisten. Und so war dann der Weg gebahnt, auf welchem vielen Tausenden in Ostfriesland und den angrenzenden Theilen des Großherzogtums Oldenburg die Wahrheit zuerst schriftlich, und später mündlich und schriftlich, nahe gebracht wurde. Ich konnte nach und nach einige tausend Exemplare der heiligen Schrift (…) und nahe an 100.000 Traktate verbreiten. Der theure Bruder Bonk in Leer, einer meiner ersten Bekannten, nahm an dieser Wirksamkeit den lebendigsten Anteil, wie auch mehrere andere liebe Brüder der Staatskirche."

Jener erwähnte „theure Bruder Bonk" war ein angesehener Kaufmann in Leer, der in seiner Handelsniederlassung in der Pfefferstraße (heute Rathausstraße) Leinen- und Baumwolltücher vertrieb, die er zum Teil auch selbst herstellte und färbte. Mit ihm und seinem frommen Freundeskreis stand Oncken seit ihrer ersten Begegnung in regem Kontakt. Als nun Oncken, der sich inzwischen hatte taufen lassen, sich am 11. Oktober 1845 wieder einmal in Leer auf der Durchreise befand, nahm er natürlich die Einladung Christian Bonks an, ihn zu besuchen und in seinem Haus zu übernachten. Es ist anzunehmen, dass schon vorher ein brieflicher Austausch über die Tauffrage bestanden hat und dabei von Bonk der Wunsch, sich taufen zu lassen, geäußert worden war und jetzt – bei Onckens Besuch – quasi „final" über dieses Thema gesprochen wurde.* Denn noch am späten Nachmittag des 11. Oktober ließ sich Bonk gemeinsam mit dem Weber Hinderk Coords in einem Kolk (Teich, kleiner See o. ä.) nach baptistischem Ritus, d. h. durch völliges Untertauchen taufen.

* Hinzu kam, dass der Berliner Baptistenprediger und Ex-Leeraner Gottfried Wilhelm Lehmann bereits 1840 in dem Freundeskreis um Bonk evangelistische Versammlungen abgehalten hatte, die bei den Anwesenden „große Bewegung" ausgelöst hatten. In der Folgezeit wurde dieser Kreis immer wieder einmal von den Jeveraner Baptisten J. L. Hinrichs und A. F. Remmers besucht. Am Neujahrstag 1842 hatte Lehmann bei einem Aufenthalt in Leer eigens über die Tauf- und Gemeindefrage referiert.

Das Taufvorhaben muss noch vor der eigentlichen Taufhandlung dem Superintendenten der lutherischen Kirche, Carl Ludwig Lentz, zugetragen worden sein und bei diesem sämtliche Alarmglocken zum Läuten gebracht haben. Denn gemeinsam mit seinem reformierten Amtskollegen Trip richtet er noch am selben Tag ein Brandschreiben an den „wohllöblichen Magistrat" der Stadt. „Aus sicherer Quelle", so ihre Mitteilung, „haben wir erfahren, dass der bekannte Baptist Onneken aus Hamburg hier eingetroffen und willens ist, heute noch eine Taufhandlung in freier Weise zu verrichten. Die Besorgnis, dass dieser Mann (…) große Störung in unseren Gemeinen anrichten werde, drängt uns, (…) sofort Anzeige von diesem Umtreiber zu machen, vertrauend, dass dann die geeigneten Maßregeln zur möglichen Verhütung solcher Eingriffe in die bestehende Ordnung und Ruhe unserer Gemeinen nicht ausbleiben werden." Doch der Brief erreicht die städtischen Behörden zu spät, als dass die skandalösen Taufen noch hätten verhindert werden können.

Immerhin aber bestellt der Bürgermeister der kleinen Ledastadt sogleich am nächsten Tag – einem Sonntag! – den Täufer und, zwei Wochen später, auch die Täuflinge zum Verhör ins Rathaus ein. Selbstbewusst gibt Oncken zu Protokoll: „Was die Religion anbetrifft, bin ich nur dem Heiland, dem ausschließlichen Haupt der Kirche, Rechenschaft schuldig. Ich bin ordinierter Geistlicher der in Hamburg bereits seit mehreren Jahren bestehenden Evangelisch-Taufgesinnten oder Baptistengemeine." Dem Hamburger Baptistenprediger wird aufgetragen, „sich der Verrichtung jeder geistlichen Handlung sowie der Anstellung gottesdienstlicher Zusammenkünfte (…) zu enthalten". Und auch die Leeraner Bürger Bonk und Coords werden vermahnt, „sich bei Vermeidung polizeilicher Maßnahmen der Verrichtung geistlicher Handlungen und der Anstellung gottesdienstlicher Zusammenkünfte zur Verbreitung der baptistischen Lehre zu enthalten". Noch am Vernehmungstage lässt Oncken den Magistrat brieflich wissen, dass er sich veranlasst sehe, „zu erklären, dass ich die in dem von mir unterschriebenen Protokolle enthaltene Verpflichtung, hier keine religiösen Handlungen vorzunehmen, widerrufen muss als eine Beeinträchtigung der Freiheit, womit Christus sein Volk allem Gewissenszwang entbunden hat. Ich ziehe es deshalb vor, lieber unter diesen Umständen zu leiden, was über mich verfügt wird, als gegen meine Überzeugung zu handeln." Und auch Bonk und Coords erklären sich nicht dazu bereit, in Zukunft den Auflagen nachzukommen und wider Gott und ihrem Gewissen zu handeln.

Nur zweieinhalb Jahre später sieht sich die Königlich-Hannoversche Landdrostei zu Aurich genötigt, den Leeraner Magistrat daran zu erinnern: „Mittelst Unseres Erlasses vom 7. April 1841 sind sämtliche Obrigkeiten der Provinz angewiesen, den Wiedertäufer Johann Gerhard Oncken zu Hamburg im Betretungsfalle (…) als Vagabunden zu bestrafen und über die Grenze schaffen zu lassen." Es war also für Oncken nicht ungefährlich, sich in Ostfriesland aufzuhalten. Reiste er dennoch dorthin, so musste er dies möglichst inkognito tun und größte Vorsicht walten lassen. Deshalb ließ er sich auch gerne von einem Flussschiffer an den jeweiligen Ort seines Wirkens mitnehmen. Er selbst bemerkte einmal, dass er seine „Besuche in Ostfriesland und anderen Teilen Hannovers jahrelang wie ein Gauner vornehmen (musste)". Da er aber „das allerehrlichste Geschäft auf Gottes Erde trieb, ja im Auftrage des Herrn aller Herren und des Königs aller Könige reiste", so habe er, „wenn auch nicht sichtbares, doch immer sicheres Geleit" gehabt.

Doch zurück zu den beiden ersten Baptisten in Ostfriesland, Christian Bonk und Hinrichs Coords. In einer Festschrift der Gemeinde Ihren anlässlich ihres 100. Gründungsjubiläums im Jahre 1946 können wir lesen: „Dieses Ereignis (gemeint ist Bonks und Coords' Taufe; M.H.) erregte berechtigtes Aufsehen und drang auch nach Ihrhove und Ihren. Wir vermuten wohl mit Recht, dass Bonk und Coords infolge ihres Berufes Beziehungen zum Oberledingerland insbesondere hatten und auch von sich aus für das Bekanntwerden ihres Schrittes das Ihrige getan haben. Jedenfalls kam es zu Besprechungen mit Einwohnern des Kirchspiels Ihrhove, und an ernst denkende Männer trat die Frage nach der Gläubigentaufe mit aller Deutlichkeit heran. Diese Besprechungen führten dazu, dass am 22. Mai 1846 neun Personen auf das Bekenntnis ihres Glaubens in Ihren von Prediger Julius Köbner aus Hamburg getauft wurden. Diese neun Personen bildeten mit den beiden Genannten aus Leer den Grundstock der Gemeinde Ihren, die am 23. Mai 1846 unter dem Vorsitz von Julius Köbner begründet wurde. Zu ihrem Ältesten wählte man Chr. Bonk. (…) Diese elf Personen waren es, die den Mut hatten, die Gemeinde zu gründen." In den nächsten Tagen konnten bereits weitere vier Personen getauft und der Ihrener Baptistengemeinde „hinzugetan" werden. Noch im selben Jahr konnte in Weener eine Station (Zweiggemeinde) gegründet werden.

Im März 1849 erhielt die Gemeinde Ihren ihren ersten ortsansässigen Prediger. Es war Johann Ludwig Hinrichs aus Jever, der wegen seiner Zugehörigkeit zu den Baptisten sein Amt als Schullehrer hatte aufgeben müssen. (In Jever, wo Oncken bereits 1837 drei Personen getauft hatte, bestand seit 1840 eine eigene Baptistengemeinde.) Mit Hinrichs begann nun von Ihren aus eine intensive Missionsarbeit, die sich in den Folgejahren über ganz Ostfriesland erstreckte.

Nach Hinrichs' Fortzug wurde der aus Ditzumerverlaat stammende Schmied Pieter Johannes de Neui – nach mehrmonatigen „Missionskursen" in Hamburg – zunächst zum Missionsgehilfen und ab 1855 dann auch zum Prediger der Gemeinde bestellt. Über ihn und die Auswirkungen seines Dienstes heißt es in der o. e. Jubiläumsschrift der Gemeinde Ihren: „P. J. de Neui war ein unerschrockener Zeuge Jesu Christi. Seine Hauptaufgabe sah er in der Ausbreitung des Werkes auf den Stationen. (…) Ihren war Zentralgemeinde für ganz Ostfriesland. Von hier aus besuchten die Missionsboten, insbesondere de Neui, namentlich Brookmerland und Krummhörn. (…) Unter de Neuis Tätigkeit breitete sich das Werk auch über die holländische Grenze aus. Die holländische Sprache nahm damals noch einen großen Teil des Schulunterrichts mit ein. In den Kirchen aller evangelischen Bekenntnisse, besonders aber den reformierten, wurde noch viel holländisch gesungen und gepredigt. (…) P. de Neui sprach fließend holländisch und predigte regelmäßig jenseits der Grenze. So entstand zunächst die Station Franeker in Holland, daraus als Abzweigung und 1. Kind unserer Jubilarin (d. i. die Ihrener Gemeinde; M.H.) 1865 die Gemeinde Franeker (jetzt Staadskanaal). Mit der Gründung dieser Gemeinde verließ auch de Neui als ihr erster Prediger das ihm liebgewordene Arbeitsfeld in Ihren."

Wie andere baptistische Prediger, so „brannte" auch de Neui in seinem Dienst- und Missionseifer und scheute keinerlei Strapazen. So heißt es im Jahresbericht der Gemeinde Ihren über das Jahr 1861 zum Beispiel, dass ihr Prediger „222mal das Wort verkündet" und 1488 Hausbesuche gemacht habe. Und in de Neuis Tagebuch gibt es folgende bezeichnende Einträge wie diese: „30. November (1862). Heute predigte ich in Polder, Neermoor und Leer drei Mal und teilte das Abendmahl aus. Überall waren volle Versammlungen und begierige Zuhörer. Sehr spät kam ich todmüde zu Hause an, nachdem ich zwölf Tage auf der Reise zugebracht hatte. 4. Dezember. Heute war glücklicherweise das Eis fest genug, mich zu tragen, und so reiste ich per Schlittschuh nach F. Von da zu Fuß über B. nach Nord-Georgsfehn, wo ich am Nachmittag eine Leichenrede hielt (…), und pilgerte dann noch eine Stunde weiter nach Süd-Georgsfehn." Und in einem Eintrag aus dem Jahr 1863 ist zu lesen: „Was meine Person betrifft, so muss ich leider sagen, dass meine Gesundheit und Kraft durch die vielen Anstrengungen auf dem weiten Arbeitsfelde sehr heruntergekommen ist, sonst fühle ich immer neuen Mut, das seligmachende Evangelium hinauszutragen und zu verkündigen."

Aber nicht nur durch den hingebungsvollen Dienst der Prediger de Neui, Harm Willms oder Matthias de Weerdt, sondern auch durch das Wirken von Missionsarbeitern bzw. Reisepredigern verbreitete sich bald über ganz Ostfriesland ein Netz von Predigtplätzen (sogenannten Stubenversammlungen) und Stationsgemeinden, aus denen schließlich die eine oder andere Zweiggemeinde von der „Muttergemeinde" Ihren in die Selbständigkeit entlassen werden konnte. Bei dieser Expansion spielte natürlich auch das missionarische Selbstverständnis der einzelnen Gemeindeglieder und ihr persönliches (Glaubens-)Zeugnis eine nicht geringe Rolle. Von Bedeutung war aber auch die Arbeit an Kindern in der Sonntagsschule, wodurch nicht nur die eigenen, sondern auch viele gemeindefremde Kinder (und über diese deren Eltern) erreicht wurden. Bereits 1849 hatte die Gemeinde Ihren mit der Sonntagsschularbeit begonnen. Später zogen dann die Landeskirchen mit der Errichtung des Kindergottesdienstes nach.

Der Einfluss der Gemeinde Ihren erstreckte sich sogar bis nach Nordamerika. So wurde in der „Ostfriesensiedlung" Baileyville im US-amerikanischen Bundesstaat Illinois 1865 die „Erste Ostfriesische Baptistengemeinde Silver Creek, Illinois" (späterer Name: „Erste Deutsche Baptisten Gemeinde Baileyville, Illinois") gegründet. Begonnen hatte alles mit der Einwanderung zweier Baptisten aus Terborg (Kreis Leer): des

Landwirts Christopher Wilhelms und des Schuhmachers Jodokus Bohlen. Beide gehörten der Gemeinde Ihren an. Weitere Ihrener Gemeindeglieder (unter ihnen auch Christian Bonk, der erste in Ostfriesland getaufte Baptist) sollten in den nächsten Jahren folgen, sodass es schließlich (vor einem geladenen „Konzil von Predigern aus Peoria, Illinois") zur oben erwähnten Gemeindegründung kam. In einer Jubiläumsschrift dieser Gemeinde heißt es: „Es wurden die Entlassungsscheine von 36 Gliedern (fast sämtlich von der Gem. Ihren in Ostfriesland) vorgelesen und vom Konzil anerkannt."

In Lehre und Form nahmen die Auswanderer sich ihre „Muttergemeinde" Ihren zum Vorbild. (Das betraf auch die damals sehr rigide gehandhabte „Gemeindezucht".) Eine große Freude war es für die Gläubigenschar, als im Jahr 1871 der „Friesenprediger" Pieter de Neui sich aus der Alten Welt aufmachte, um einem Ruf dieser Baptistengemeinde in Baileyville zu ihrem vollamtlichen Prediger zu folgen. Kurz nach seiner Ankunft teilt er dem „theuren und hochgeschätzten Br. Oncken" mit, dass seine neue Gemeinde 97 Mitglieder habe, von denen 15 eine neue Gemeinde in Iowa gründen wollen. Jürgen Hoogstraat schreibt in seinem Buch „Von Ostfriesland nach Amerika", dass de Neui „zwar als Hauptstation die Gemeinde von Baileyville zu versorgen (hatte), doch reiste er überall hin, wo er baptistische Farmer aus Ostfriesland kannte und wo er Möglichkeiten zur Predigt fand". In einem von Hoogstraat zitierten Brief de Neuis aus dem Jahr 1873 lässt dieser einen ostfriesischen Bekannten wissen: „Als die Tatsache sich erwies, dass es nicht mehr ging, das große Feld zu bereisen, schenkten sie mir ein Pferd mit Fuhrwerk. (...) Im Ausgang Mai und Anfang Juni war ich in Iowa, (...) Es sammelten sich daselbst circa 30 Geschwister, die sich durch Beschluss zu einer Station der Gemeinde Silver Creek erklärten. (...) Ich predige sieben Mal daselbst und fand viele, die ich in Ostfriesland gekannt und getauft habe."

In der Neuen Welt waren die Baptisten und andere Glaubensgemeinschaften keinen Repressalien ausgesetzt. In Ostfriesland hingegen war – bei allem sichtbaren „Erfolg" ihrer Bemühungen – die Missionsarbeit der Baptisten in den Anfangsjahren nicht leicht gewesen, wie es Oncken selbst ja in Leer erfahren musste (s. o.) Es gab verschiedentlich Versammlungsverbote durch die Behörden. Man sah die baptistischen Gläubigen als Sektierer an. Mancherlei Verleumdungen und Anfeindungen waren sie ausgesetzt. Das konnte auch zu „handfesten" Aktionen und Tätlichkeiten führen, wie die folgenden Beispiele zeigen. So schreibt etwa Joseph Lehmann in seiner „Geschichte der deutschen Baptisten": „So wurde die Versammlung in Ihren an einem Sonntag im April 1850 von einer Schar von Bauern, Knechten und Arbeitern, 100 an der Zahl, überfallen, welche Bänke und Pult zerschlugen und verschiedene der Anwesenden unmenschlich misshandelten. Bald darauf gab es noch eine Gräueltat derart, und zwar an einem Himmelfahrtstage, mitten in dem wegen seiner religiösen Duldsamkeit seit Jahrhunderten berühmten Ostfriesland." Es soll aber nicht unerwähnt bleiben, dass zumindest im erstgenannten Fall ein Gericht die Randalierer zu Gefängnisstrafen verurteilte.

Matthias de Weerdt, ein Böttcher aus Ihren und Mitglied der dortigen Baptistengemeinde, der als Laienprediger unermüdlich auf den Gemeindestationen tätig war, wurde einmal nach einer Überfahrt über die Ems von Fanatikern gefasst und schwer misshandelt. Ein anderes Mal wurde er zwischen Rechtsupweg und Upgant von mehreren Personen überfallen, wobei man ihm den Tod androhte für den Fall, dass er wiederkommen würde.

Was die Religionsfreiheit in jener Zeit betrifft, so sicherte zwar ein Gesetz vom 5. September des Revolutionsjahres 1848 den Bürgern die Gewissens- und Glaubensfreiheit zu, aber den „nicht privilegierten Religionsgemeinschaften" die freie

Religionsausübung eigentlich nur im eigenen Hause. Gleichzeitig gewährte das Gesetz aber auch das freie Vereinigungs- und Versammlungsrecht. Insofern war es seit 1848 nicht mehr ohne weiteres möglich, nicht zugelassene religiöse Gemeinschaften zu verbieten, vorausgesetzt, sie hielten sich an die Gesetze des Landes.

Im Königtum Hannover, wozu Ostfriesland ja zu der Zeit gehörte, wurde schließlich das Versammlungsrecht nicht anerkannter religiöser Gemeinschaften an das Vereinsrecht gekoppelt. So verlangte das Königlich Hannoversche Ministerium 1857: „Wo neue sektiererische Vereine sich bilden, ist über das Bekenntnis, die gesellschaftliche Organisation und den Mitgliederstand Auskunft zu erfordern." Für die Baptistengemeinden hieß das: sie wurden quasi als Vereine angesehen und waren daher auch verpflichtet, sich als Verein eintragen zu lassen und die von der Obrigkeit verlangten Vereinsangaben zu machen. Da sträubte sich natürlich alles in einem guten Baptisten, nach dem Motto: „Uns Gemeend ist doch keen Vereen!" So gab dann auch der Ihrener Gemeindeälteste Bonk am 31.1.1858 namens seiner Gemeinde dem Amt Leer zu verstehen: „Wir sind außerstande, der verehrlichen Aufforderung zu genügen, weil uns das ganze Wesen, worüber wir Angaben machen sollen, fehlt. Wir sind kein Verein und können somit auch keinen Vereinsnamen, Vorsteher, Beamte, Zweck pp. angeben. Wir sind eine apostolische Gemeinde, erbaut auf dem Grund der Apostel und Propheten, wovon Jesus Christus der Eckstein ist. Wenn nun Königl. Wohllöbl. Amt uns auffordern würde, über unsere Gemeindeverfassung, Zweck pp. nähere Auskunft zu geben, so werden wir jederzeit dazu bereit sein." Geschickt fügt Bonk noch an: „Schließlich erlauben wir uns noch zu bemerken, dass wir es als eine Verletzung unserer ganzen Gemeinschaft, die eine so bedeutende, anerkannte Körperschaft in England, Schottland und Amerika bildet, betrachten, wenn man uns als einen Verein bezeichnen und behandeln will." Schließlich lenkte die

Ihrener Gemeinde dann doch ein und meldete sich am 16. April 1860 als Verein an. Gleichzeitig ließ sie ihren neuen Gemeindeältesten Harm Wills den Behörden die gewünschten „Vereinsangaben" übermitteln.

Dennoch versuchte die Landdrostei Aurich auch weiterhin die Tätigkeit der Baptisten, die sich mittlerweile über ganz Ostfriesland erstreckte, einzuschränken. So wurde am 16. Mai 1860 ein Verbot erlassen, das Personen das Predigen außerhalb ihres Wohnsitzes bei Strafe untersagte. Das betraf somit auch die Ihrener Verkündiger de Neui und de Weerdt. Doch trotz verschiedener Vorladungen und erteilter Geldstrafen setzten sie ihren Missionsdienst auch weiterhin über Ihren hinaus fort. Auch legten sie beim Minister in Hannover gegen die Maßnahme der Auricher Landdrostei Beschwerde ein. Nicht ohne Erfolg übrigens: Die verhängten Geldstrafen wurden nicht vollstreckt und das Verbot, auswärts zu predigen, wurde dahingehend ausgelegt, dass es sich auf Personen beziehen sollte, die außerhalb des Königreichs Hannover wohnten.*

* Als „Gegenleistung" wurden de Neui und de Weerdt lediglich auferlegt, dem „Königlich Wohllöblichen Amt" in Leer einen ausführlichen Bericht über ihre bisherige Tätigkeit in Ostfriesland vorzulegen. Was diese dann auch gewissenhaft am 27. Mai 1861 taten. In ihm heißt es u. a.: „Die Zahl der Mitglieder (Kommunikanten) ist jetzt 271, und sind die angegebenen Stationen in den Ämtern Leer, Stickhausen, Weener, Emden, Berum und Aurich (…) bis jetzt noch zu einer Gemeine verbunden. Auf jeder Station wird Seelenpflege und Gemeindezucht geübt, (…) Zum Abendmahl werden nur Mitglieder (Getaufte) zugelassen, (…) Zur Taufe werden nur solche Personen zugelassen, die selbst ohne Überredung anderer durch die Bibel von der Wahrheit derselben überzeugt sind, und sowohl durch ihr Leben, wie durch ihre Worte den Beweis liefern, dass sie völlig mit der Sünde gebrochen haben. (…) Die ganze Gemeine besteht besonders darauf, dass sowohl bei der Taufe, wie bei allem Anderen alles redlich und ordentlich zugeht."

Die Situation der Baptisten(gemeinden) besserte sich dann noch einmal nachhaltig seit dem Jahre 1866, als Ostfriesland zu Preußen kam und alle religiösen Bekenntnisse volle Freiheit der Verkündigung genossen.

Inzwischen haben die Baptisten schon seit Langem die öffentlichen Körperschaftsrechte erlangt. Zu anderen Denominationen bestehen in der Regel entspannte und „gut nachbarliche" Beziehungen. Auch arbeitet man mit ihnen auf der Basis der Evangelischen Allianz und der Arbeitsgemeinschaft christlicher Kirchen vertrauensvoll zusammen.

Heute gibt es in Ostfriesland an dreizehn Orten Baptistengemeinden, ihre zahlenmäßig größten sind (Stand 2018): Emden (mit 318 Mitgliedern), Remels (308), Weener (233), Westoverledingen-Ihren (220), Moormerland-Veenhusen (216) und Leer (205). Hinzu kommen im Umfeld Ostfrieslands die Gemeinden Augustfehn, Elisabethfehn, Jever, Varel, Westerstede und Wilhelmshaven. Die Gesamtmitgliederzahl der im Bund Evangelisch-Freikirchlicher Gemeinden zusammengefassten Baptisten- und Brüdergemeinden liegt bei rund 81 000.

# Literatur- und Quellennachweis

Günter Balders: Theurer Bruder Oncken. Das Leben Johann Gerhard Onckens in Bildern und Texten. Kassel 1984 (2. Aufl.)

Günter Balders (Hrsg.): Ein Herr, ein Glaube, eine Taufe. 150 Jahre Baptistengemeinden in Deutschland. Kassel 1984

Baptisten in Ostfriesland – Wikipedia (wikipedia.org/wiki/Baptisten_in_Ostfriesland)

Manfred Bärenfänger: Peter Johannes de Neui, der Friesenprediger. In: Die Gemeinde 8/77-12/77

Rudolf Donat: Das wachsende Werk. Ausbreitung der deutschen Baptistengemeinden durch sechzig Jahre (1849-1909). Kassel 1960 (bes. S. 27-30 u. 337f)

Theodor Duprée: Harm Willms. Ein Theologe im Bauernrock. Hamburg 1896

Behrend Grafenburg/Enno Popkes: Hundert Jahre Baptistengemeinde Ihren (1846-1946)

Gerwin Gräfe: Bürgermeister ließ Baptisten vorführen. In: OZ v. 4.6.2009

Ingrid Heinzelmaier: Johann Gerhard Oncken. Porträt des Gründervaters aus der Sicht eines „Neubaptisten". In: Die Gemeinde 3/91, S. 6f

Gregor Helms: Die Freikirchen – nur eine unbedeutende Minderheit? Geschichte und Wirken in Ostfriesland und Friesland. In: Ostfreesland – Kalender für 1990, S. 130-136

Jürgen Hoogstraat: Von Ostfriesland nach Amerika. Aus dem Leben ostfriesischer Auswanderer des 19. Jahrhunderts. Norden 1997 (2. Aufl.)

Jahrbuch 2019/2020 des Bundes Evangelisch-Freikirchlicher Gemeinden in Deutschland. Kassel 2019 (bes. S. 122-124)

Margarete Jelten: Unter Gottes Dachziegel. Anfänge des Baptismus in Nordwestdeutschland. Bremerhaven 1984

Karl Radke: Der Baptist J. G. Oncken in Leer 1845. In: Die Gemeinde 47/74, S. 6-8

Karl Radke: 75 Jahre Evangelisch-Freikirchliche Gemeinde (Baptisten) Leer/Ostfriesland. Surwold 1975

Karl Radke: 100 Jahre Baptistenkirche Leer. Leer 2000

Karl Radke: Vorgeschichte und Entwicklung der Evangelisch-Freikirchlichen Gemeinde (Baptisten) Veenhusen. Leer o.J.

Menno Smid: Ostfriesische Kirchengeschichte. Pewsum/Weener 1974 (bes. S. 539-546 u. 690-695)

# Anhang

## Wilhelmine Siefkes: Mennonitin und Sozialdemokratin

Sie war eine couragierte und politisch wache, engagierte Frau: Ostfrieslands wohl bekannteste hoch- und niederdeutsche Schriftstellerin Wilhelmine Siefkes (1890-1984). Am 4.1.1890 in Leer als Tochter eines Ackerbürgers geboren, wuchs sie in sehr bescheidenen Verhältnissen auf. Der Vater war schon früh durch einen tragischen Unfall zum Invaliden geworden, hatte daraufhin sein Haus mit dem Hof in der Pfefferstraße (heute Rathausstraße) aufgeben und mit Frau und zwei kleinen Kindern in eine kleine Wohnung in der Bremer Straße umziehen müssen. Hier starb er 1903, erst 58 Jahre alt.

Seine aufgeweckte Tochter Wilhelmine ist eine so gute Schülerin, dass sie nach dem fünften Schuljahr von der Volksschule an die „Höhere Töchterschule" (heute das Teletta-Groß-Gymnasium) wechselt. Durch erfolgreichen Examensabschluss an dem der Schule angegliederten Oberlyzeum, das sie Dank einer Freistelle besuchen konnte, erhält sie die Berechtigung für das Lehramt an Volks-, Mittel- und Höheren Schulen.

Die ersten Jahre als Lehrerin verbringt Siefkes an einer kleinen Privatschule in Jemgum. Ab Ostern 1917 unterrichtet sie in Leer an der lutherischen Osterstegschule. In den Kriegs- und Nachkriegsjahren erschüttert sie das große Elend, auf das sie bei nicht wenigen Kindern und Eltern stößt. Sie lernt Familien kennen, deren Lebensschicksal gekennzeichnet ist von Wohnungsmangel, Arbeitslosigkeit und Armut. In der vom christlichen Glauben bzw. christlicher Ethik geprägten Lehrerin regt und empört sich das soziale Gewissen. 1922 schließt sie sich der SPD an. Dass die Kirchen und ihre Vertreter bis auf rühmliche Ausnahmen sich zur sozialen Frage mehr oder weniger passiv verhalten und zum Teil die Gewerkschaften und die Sozialdemokratie diffamieren, das versteht sie nicht.

Die damals in Leer und Umgebung führenden Sozialdemokraten Peter Zylmann, Hermann Tempel und Louis Thelemann sind ihre Mentoren und guten Freunde. Für das SPD-Blatt „Volksbote" verfasst sie journalistische Beiträge. 1928 wird sie sogar in den Rat der Stadt gewählt. Voll sozialem Tatendrang setzt Siefke sich „für die Belange der sozial Schwachen ein, erledigt ihre Rentenanträge, hilft armen Familien aus eigener Tasche, betreut sie fürsorglich, organisiert Spiele und Theateraufführungen für die Arbeiterjugend und betätigt sich in der Arbeiterwohlfahrt Leer, deren Mitbegründerin sie ist" (Heide Braukmüller).

Als die Nazis 1933 an die Macht kommen, wird Siefkes umgehend aus dem Schuldienst entlassen. Die kleine, zart gebaute Frau hatte sich mutig und standfest („aus Gründen der Religion und des Gewissens") geweigert, eine von ihr verlangte „Ergebenheitserklärung" an den „Führer" zu unterschreiben. Standhaft und konsequent ist sie auch darin, dass sie in der zwölf Jahre währenden Zeit der Diktatur, in der sie Verhaftungen ihrer engsten politischen Freunde und Weggefährten und eigene Hausdurchsuchungen erleben muss, nicht ein Mal den obligatorischen Hitlergruß entboten hat.

Eine schwere Enttäuschung ist für Siefkes, als sie bei dem erstmals unter dem Naziregime begangenen 1. Mai-Feiertag in dem durch die Stadt führenden Umzug (an dem teilzunehmen die Arbeiter, Angestellten und Beamten verpflichtet waren) auch eine Formation von Pastoren ihrer lutherischen Kirche auftauchen sieht. Direkt hinter einer Gruppe Primaner, die Hassgesänge auf Juden, aber auch auf den SPD-Mann Hermann Tempel grölen! Siefkes, voller Empörung: „Dass diese vorgeblichen Hüter des Christentums, die ihres Meisters Lehren anderen predigten, nun hinter solchen ‚Sängern' hermarschierten und nicht den Mut aufbrachten, wegzutreten und sich zu distanzieren – das versetzte mir einen Schlag, und ich sagte mir: In diese Kirche gehörst du nicht mehr! Am nächsten Tag (...) erklärte ich meinen Austritt. Ich habe mich hinterher manchmal gefragt: War dieser spontane Schritt richtig? Heute weiß ich, wie die ‚Bekennende Kirche' den Mut zur Opposition aufbrachte, wie tapfere Männer wie Pastor Niemöller sich um ihrer Überzeugung willen ins KZ bringen ließen. Aber damals gab es auch die ‚Deutschen Christen', die mit vollen Segeln der NSDAP folgten." Nachdem sie schon vorher von einem jungen, den „Deutschen Christen" angehörenden Auricher Pfarrer verunglimpft worden war, ist nun „dies Erlebnis vom 1. Mai der Tropfen, der den Becher zum Überlaufen brachte. Ich konnte einfach nicht anders handeln."

Schon bald nach ihrem Kirchenaustritt schließt Siefkes sich der kleinen Leeraner Mennonitengemeinde an. Schon als Jugendliche war sie durch eine mennonitische Freundin mit dem Mennonitentum bekannt geworden, dessen Entstehung auf den niederländisch-friesischen Täufer und ehemaligen katholischen Priester Menno Simons (1496-1561) zurückgeht. Was sie von der Freundin über die an der Bergpredigt orientierte Ethik der Mennoniten erfuhr, hatte ihr schon damals imponiert. Später hatten sie die Person und die „religionsphilosophischen Vorträge" des die Emder und Leeraner Mennonitengemeinde in Personalunion leitenden Pfarrers Abraham Fast sehr beeindruckt: „Er fesselte mich derart, dass ich anfing, auch seine Predigten zu besuchen. Ich habe selten so hochstehende, tiefgründige, wirkliche Andachten gehört wie jene, die er in seiner schlichten, eindringlichen Art hielt."

Doch die christlichen Prägungen, die Siefkes erhalten hat, sie reichen bereits in ihre Kindheit zurück. Schließlich waren in ihrer Verwandtschaft nicht wenige evangelische Pastoren. Und auch ihr eigenes Elternhaus besaß durchaus einen kirchlich-frommen Zuschnitt, bei dem der sonntägliche Gottesdienstbesuch selbstverständlich war. Ganz besonders beeindruckte die junge Wilhelmine Siefkes aber eine in Backemoor wohnende Tante, die Pastorenwitwe Gesina Hafermann. Deren ebenfalls überzeugend gelebter Glaube trug viele pietistische Züge. Die unbeschwerten, fröhlichen Zeiten, die sie als Kind und Jugendliche bei der Tante tage- oder auch wochenweise verbringen durfte, behielten zeit ihres Lebens einen ganz besonderen Glanz. „Ein gut Teil meiner inneren Entwicklung", bekennt Siefkes in ihren „Erinnerungen", „hängt mit meinen Besuchen im Feldhörnhaus zusammen, ohne dass ich mir damals dessen bewusst geworden wäre: Es war die Atmosphäre selbstverständlichen Einander-Helfens, des Verpflichtetseins dem anderen gegenüber, des Gottvertrauens ohne viel salbungsvolles Gewese, der schlichten Frömmigkeit, die ohne Tat nicht denkbar war."

Bei der für Wilhelmine Siefkes typischen christlichen Grundeinstellung wundert es nicht, dass ihr Glaube da und dort in ihren Werken Spuren hinterlassen hat. Am stärksten wohl in dem 1952 erstmalig erschienenen Roman „Kasjen und Amke". In ihm erzählt die Autorin von dem schweren Schicksal eines jungen Landwirts, der zu Beginn des letzten Jahrhunderts versucht, als Moorkolonist auf einem gepachteten kleinen Anwesen eine gesicherte, unabhängige Existenz für sich, seine Frau und die Kinder zu schaffen. Doch all seine schwere Arbeit, all seine unermüdlichen Bemühungen, dieses Ziel zu realisieren, werden immer wieder unterlaufen durch seine leichtsinnige, bequeme und irgendwie Kind gebliebene junge Ehefrau Amke. Da ist es gut, dass Kasjen in dem frommen, verständnisvollen Nachbarn Jakobus Winter einen Menschen und Freund findet, der ihm durch opferbereite Tat und durch seinen weisen, aus den Quellen reicher Lebens- und Glaubenserfahrung herrührenden Rat hilft, nicht vollends an Gott und der Welt zu verzweifeln. Er hört sich nicht nur die bitter ausgestoßenen Fragen und Klagen des Jüngeren freundlich an, er bemüht sich auch, geduldig und verständnisvoll auf sie einzugehen. Dabei versäumt er nicht, vorsichtig und unaufdringlich auf Gott hinzuweisen. Man merkt es

Winters Antworten ab, dass sie einem ernsten Nachsinnen entsprungen sind. Auch sind sie oftmals so ganz anders als von Kasjes erwartet. Sie bieten aber dem Jüngeren immer genügend Anregung zum eigenen Nach-Denken. Die hier wiedergegebene Szene ist typisch für mehrere Gespräche ähnlicher Art zwischen Kasjen und dem alten Winter:

Kasjen ist aufgewühlt und verzweifelt, als er eines Morgens feststellen muss, dass frostiger Nachtnebel in die Buchweizen- blüten eingedrungen ist und diese schwer geschädigt hat. Winter gegenüber lässt er seinem Zorn über Gott, den „Wettermacher", freien Lauf. Am Abend jenes Tages sucht ihn noch einmal der Alte auf. *„Ich wollte dir bloß sagen, Kasjen, wenn du mal nicht zurechtkommen solltest, zu Martini oder so, dann musst du das sagen – ich kann schon mal einspringen. (…) Es kommen so Jahre, wo alles gegen den Strich geht. Da muss einer dem andern unter die Arme greifen."* (…) *Der alte Mann verließ das Thema; er musste noch loswerden, was er mit sich durch den Tag getragen hatte: „Du hast dich heute morgen an Ihm geärgert, Kasjen."* Der sah verwirrt auf, noch benommen von der unerwarteten Hilfe, die fremde Güte ihm so selbstverständlich bot. *„An dem Wettermacher, wie du sagtest." „Du denn nicht?", fragte Kasjen. „Nein, das habe ich mir abgewöhnt", sagte er. „Nun ja", meinte Kasjen, „wen es nicht so trifft – aber das ist doch so: wenn mein Junge mit Mühe und Fleiß seine Tafel vollgeschrieben hat, kann ich ihm das denn einfach auswischen?"*

*„Ach, Kasjen", die Stimme wurde lebhaft, „du willst immer den großen Weltregierer mit deinem kleinen Menschenmaß messen. Merkst du denn nicht, dass das nicht geht?"* Da regte sich Kasjen auf (…): *„Was soll ich dann mit Ihm, was nützt mir das dann, wenn ich an Ihn glaube?" „Nützen?"* Jakobus fuhr sich mit der Hand durch das graue Haar: *„Nützen soll Er, ja, so sind wir! Und Brot muss Er geben und alles, was unsere Eigensucht will. (…) Du denkst an die äußerlichen Dinge,*

*Kasjen, (...) Aber das ist nicht das Wesentliche. (...) Unser Wesen, das ist das Stück von Ihm, das wir in uns tragen, das ist unsre Seele."*

*„Das mag wohl sein", entgegnete Kasjen, „aber wir müssen doch zu essen haben, dass wir leben können." „Das müssen wir", gab Jakobus zu, „doch das Sorgen darum darf die Seele nicht ausfüllen, dann wird sie fremd von Ihm." „Das sagst du so", seufzte er, „wenn man aber bis an den Rand voll Sorge ist..." „Da gibt es nur einen Rat", Jakobus Winter stand auf, „sprich mit Ihm, Kasjen!" „Ich?" Kasjen sah ratlos zu ihm auf: „Ich bin ja nicht wie du!" „Da ist einer wie der andre", antwortete er, „keiner kommt ohne Ihn aus. Er ist die Kraft."*

Neben Jakobus Winter hinterließ noch eine weitere Person durch ihren gelebten Glauben einen tiefen Eindruck auf Kasjen: Tante Sievertje, die „viel mit dem lieben Gott umging; sie besuchte ihn fast jeden Sonntag in der Kirche, und sie las über ihn in einem dicken Buch, dessen große Buchstaben ihr Finger langsam verfolgte, während ihr Mund die Worte murmelte." Und die Kasjen, als er sein Vaterhaus verließ, um im Rheiderland bei einem Marschbauern sich als Knecht zu verdingen, mit den Worten verabschiedete: „Gah mit Gott, Kind, he sall wall weeten, wo't goot is." Tante Sievertje, die nach dem frühen Tod seiner Mutter selbstlos und voller Liebe die Mutterstelle für ihn und seinen Bruder Freerk übernommen hatte und die nach dem Tod seines Vaters von Freerk und dessen Frau ins Armenhaus abgeschoben worden war, wo sie unter erbärmlichen Verhältnissen ihr Lebensende verbringen musste.

Als Kasjens eines Tages dem Jakobus Winter sein Unverständnis ausdrückt, wie Gott es zulassen könne, dass ausgerechnet Sievertjemöh, „deren Leben ein Gottvertrauen war", so enden müsse, da gibt ihm der andere zu bedenken: „Willst du Gott anklagen, wenn die Menschen nicht seinen

Willen tun? Wenn in deines Bruders Haus nicht die Liebe wohnt, die Er fordert?"

Wilhelmine Siefkes selbst hat am Schluss ihrer im hohen Alter niedergeschriebenen Lebenserinnerungen nachdenklich resümiert: „Zwar hat sich in Deutschland vieles erfüllt von dem, um das ich in jungen Jahren leidenschaftlich mitkämpfte: die materielle Not der arbeitenden Bevölkerung ist weitgehend behoben, (...) Aber ein Irrtum wurde mir im Laufe der Entwicklung mehr und mehr bewusst. Wir glaubten einmal, dass eine Änderung der äußeren Umstände auch den Menschen selber besser machen müsse, ihn für alles Gute (...) empfänglich machen würde. Wie oft haben wir es gläubig gesungen: Der Mensch ist gut! Der Mensch ist aber weder gut noch böse, die Fähigkeit zu beidem ruht in ihm. Doch um das Gute in ihm zum Wachsen zu bringen, bedarf es anderer als materieller Werte. Sie in sein Bewusstsein und seinen Willen aufzunehmen, sind ihm Kräfte verliehen, die ihn mit einem Höheren verbinden. Das ist jedoch nicht mehr eine Angelegenheit der Politik, sondern der Ethik oder der Religion."

Literatur- und Quellennachweis

Wilhelmine Siefkes: Erinnerungen. Leer 1997 (2. Aufl.)
Wilhelmine Siefkes: Kasjen und Amke. Leer 1952
Joachim Böger: Wilhelmine Siefkes. In: Biographisches Lexikon für Ostfriesland 1993, S. 322-324
Heide Braukmüller: Wilhelmine Siefkes – eine christlich soziale Demokratin (1890-1984). Weener 2003
Heide Braukmüller: Wilhelmine Siefkes. Über ihr Leben und ihre Arbeit. Leer 1996
Matthias Hilbert: Sozialdemokratisch und fromm. Über die ostfriesische Dichterin Wilhelmine Siefkes. In: Ostfreesland. Kalender für Ostfriesland 2013, S. 126-130

## Zum Buch:

„Ostfrieslands leidenschaftliche Pastoren" stellt auf lebendige Weise die gewissenhaft recherchierten Lebensbilder von sieben markanten ostfriesischen Pastoren vor, deren Wirken (nicht nur) für die ostfriesische Kirchengeschichte von großer Bedeutung gewesen ist: Hans Bruns und Remmer Janßen (beide ev.-lutherisch), Gerrit Herlyn, Heinrich Oltmann und Carl Octavius Voget (alle ev.-reformiert), den „methodistischen Friesenapostel" Franz Klüsner sowie den baptistischen „Theologen im Bauernrock" Harm Willms. Gleichzeitig liefert das Buch auch einen kirchengeschichtlichen Beitrag zu den christlichen Erweckungsbewegungen im Ostfriesland des 19. und 20. Jahrhunderts sowie zum Verhalten ostfriesischer Pastoren im Dritten Reich. Abgerundet wird der Band durch eine kleine Studie über den frommen Background der bekannten ostfriesischen Schriftstellerin Wilhelmine Siefkes: „Wilhelmine Siefkes – Mennonitin und Sozialdemokratin".

## Zum Autor:

Matthias Hilbert ist Lehrer i. R. mit Vokation in Evangelischer Religion. Er wohnt in Gladbeck und ist selber Pastorensohn. Sein Abitur hat er auf dem Ubbo-Emmius-Gymnasium in Leer/ Ostfr. gemacht.

Folgende Bücher sind bisher von ihm erschienen: „Hermann Hesse und sein Elternhaus – Zwischen Rebellion und Liebe", „Fromme Eltern – unfromme Kinder? Lebensgeschichten großer Zweifler", „Gottsucher. Dichter-Bekehrungen im 19. und 20. Jahrhundert. Zwölf Dichterporträts". Außerdem ist er Verfasser zahlreicher Artikel in verschiedenen Zeitungen und Zeitschriften. Seine Themen handeln von Hermann Hesse sowie den sogenannten „christlichen Dichtern" des 19. und 20. Jahrhunderts, aber auch von bekannten christlichen Persönlichkeiten.

In der „Petrus-und-Paulus-Kirche" von Großefehn-Timmel in Ostfriesland hängt heute noch eine Gedenktafel, die an den Kinderprediger Jonas Eilers (1768 - 1778) erinnern soll. Sein Seelsorger, Pastor Heinrich Rudolph Taute, schrieb damals einen Bericht über das Leben und Sterben dieses kleinen Missionars nieder. Anschließend gründete Pastor Taute eine „Particulargesellschaft der Deutschen Christentumsgesellschaft" und kurze Zeit danach entstand mit seinem Freund und Nachbarn, Pastor Georg Siegmund Stracke aus Hatshausen, 1798 die „Missionssocietät zum Senfkorn" (den älteste Missionsverein Deutschlands) unter dessen Leitung.

Pastor Stracke pflegte wiederum Kontakte zu Zinzendorfs Herrnhuter Gemeine, wo er auch Pastor Johann Jänicke kennenlernte, der 1799 die Berliner Mission aufbaute.

Durch Strackes Werk entstand die Ostfriesische Bibelgesellschaft. Auch das Leinerstift in Mittegroßefehn und die später Missionsschule von Pastor Remmer Janssen in Großefehn-Strackholt haben hier ihre Wurzeln. Sogar die Freie Christliche Schule Ostfrieslands ist mit dieser Geschichte verbunden.

Das Buch „Großefehner Glaubensfeuer" möchte zeigen, wie sich die kleine Aussaat unter dem „ostfriesischen Himmel" bis in die Gegenwart zu einem wunderbaren Glaubensbaum entwickeln konnte.

**Großefehner Glaubensfeuer**

Kleine Kirchengeschichten
aus dem Herzen Ostfrieslands
von Hans-Jürgen Sträter
60 Seiten, ISBN-13: 9783735760128, € 5,00

**Gott ist gegenwärtig**
**Ein Lied von Gerhard Tersteegen**
von Gerhard Kaiser
52 Seiten, ISBN:9783945462539, € 5,90